★ 二战风云人物 ★

邓尼茨

赵 爽◎著　于之伟　郭岭松◎主编

中国华侨出版社

图书在版编目(CIP)数据

邓尼茨 / 赵爽著.—北京：中国华侨出版社，2015.2

（二战风云人物 / 于之伟，郭岭松主编）

ISBN 978-7-5113-5220-0

Ⅰ.①邓… Ⅱ.①赵… Ⅲ.①邓尼茨(1891~1980)-生平事迹 Ⅳ.①K835.165.2

中国版本图书馆CIP数据核字(2015)第039012号

二战风云人物：邓尼茨

著　　　者 / 赵　爽
责任编辑 / 严晓慧
责任校对 / 王京燕
经　　　销 / 新华书店
开　　　本 / 787毫米×1092毫米　1/16　印张/17　字数/250千字
印　　　刷 / 北京军迪印刷有限责任公司
版　　　次 / 2015年5月第1版　2020年5月第2次印刷
书　　　号 / ISBN 978-7-5113-5220-0
定　　　价 / 68.00元

中国华侨出版社　北京市朝阳区静安里26号通成达大厦3层　邮编：100028
法律顾问：陈鹰律师事务所
编辑部：(010)64443056　　64443979
发行部：(010)64443051　　传真：(010)64439708
网址：www.oveaschin.com
E-mail：oveaschin@sina.com

前言

第二次世界大战，是迄今为止人类历史上最为惨痛的一场浩劫，给整个世界造成了巨大的灾难。据估计，死亡人数超过6000万，各类损失超过40000亿美元。在这场关系到人类前途和命运的斗争中，正义力量最终取得胜利，人类文明得以延续，和平得以恢复。

从和平到来的那一刻起，人们就开始不断反思与战争有关的一切，试图寻找制止人类自相残杀的方法和途径。时至今日，第二次世界大战结束已经整整70年了，这种反思还在继续。令人遗憾的是，以人类现有的历史智慧，不仅没有找到彻底消弭战争的方法，而且随着世界政治格局的进一步发展，全球各地的军事冲突不断，战火频仍，甚至在个别地区有愈演愈烈之势。有人甚至担心，是否会爆发新的世界大战！

事实上，这种担心是完全没有必要的。

二战造成的影响极为深远，涉及政治、经济、文化、科技等各个领域，给世界带来了天翻地覆的变化。特别是东西两大对立阵营的出现，彻底改变了近两百年来由资本主义支配世界的格局。随着苏联的解体，表面上这种对立已不复存在，但它所留下的阴影仍然存在于全球各个角落，当代世界全局性矛盾的焦点仍然集中于此。不过，经过战后70年的历史演变，人们基本可以形成这样一个共识：任何一方都不可能通过军事手段一举消灭对方，并存和互相竞争的局面已经形成。换句话说，就是从政治、经济、文化等诸方面较量彼此实力和影响力等手段已经成为世界范围内竞争的主流。军事手段虽然没有被完全抛弃，但是爆发世界大战的可能性微乎其微，基本可以忽略不计。

正值二战胜利70周年之际，我们策划、出版这套《二战风云人物》丛书的目的也在于此。丛书共10册，收入了二战期间"同盟国"和"轴心国"将领各5人，分别是：艾森豪威尔、巴顿、麦克阿瑟、朱可夫、蒙哥马利、隆美尔、邓尼茨、曼施泰因、古德里安和山本五十六。丛书没有止于对人物在二战期间经历的单纯记述，而是从宏大的历史战争画卷入手，就人物的性格、军事指挥艺术以及世界潮流发展进行深入分析与阐释，总结得出一个结论：邪恶势力或许凭借个人能力或物质基础而嚣张一时，但最终都无法改变正义必将战胜邪恶这一亘古不变的真理。

愿战争不再，和平永驻。

鉴于水平有限，丛书中难免会出现疏漏或错误，敬希读者批评指正。

目录

开篇 | 应该作为结尾的序言
　　国灭身囚　/　003
　　"狼王"出世　/　010

上篇 | 费踌躇 仓皇而起赴戎机
　　惨淡经营　/　029
　　猝不及防　/　066
　　大开杀戒　/　082
　　战略棋手　/　099

中篇 | 展雄才 大洋"狼王"卷巨澜
　　强敌联手　/　123
　　鏖兵东南　/　139
　　挥师美洲　/　153

海上狂飙 / 173

海军掌门 / 189

再掀狂潮 / 210

下篇 | 心无力 独木难支大厦倾

日薄西山 / 233

力挽颓势 / 240

末代元首 / 248

开篇
应该作为结尾的序言

战争的关键在于切断英国的海上运输。这一斗争是潜艇的主要任务,是其他武装力量所不能取代的。英国政府和英国皇家海军都非常明白,(德国)潜艇的攻击对英国来说,意味着最大的危险。潜艇的攻击直接威胁着英国的生命线。不仅英国人民的生活,而且英国的经济、战争物资的生产和英国在这场战争中最终的生死存亡,都取决于这条生命线。

——德国海军总司令兼潜艇部队司令卡尔·冯·邓尼茨海军元帅

国灭身囚

1946年10月1日，新落成的德国西柏林施潘道监狱迎来了大批的盟军官兵以及一批他们需要严防死守的阶下囚。这批人一个个看起来垂头丧气，却曾是被欧洲乃至世界公认的危险人物——刚刚崩溃的纳粹德国的高级军政官员们。

在这一小群高级囚犯当中，有一位身着深色西装的中年人比较引人注目。他，年过五旬，面容消瘦且略带沧桑，稀疏的金发梳得整整齐齐，近1.8米的身材修长而挺拔，鹰鼻深目。虽身着便装且身陷囹圄，但是其墨镜遮挡的如鹰隼般锐利的眼光依然犀利，全身所散发出的那种掩盖不住的军人气质仍然清晰可辨。很显然，这是一位前纳粹德国的高级将领，他那历经风吹日晒而略显粗糙的皮肤无意中透露了主人海上的服役经历。他在这群难兄难弟们当中的编号是2号，这个编号单单靠他的海军战斗生涯恐怕也是得不到的。他就是前纳粹德国海军元帅、潜艇部队司令、第二任海军总司令、希特勒自杀前钦点的接班人、末代元首——卡尔·冯·邓尼茨。

邓尼茨与约德尔、施佩尔在其总部被盟军逮捕

　　提起邓尼茨的大名,不敢说是家喻户晓、妇孺皆知,但是对于参加整个第二次世界大战的盟国海军阵营而言,恐怕还真是声名远播。特别是英吉利海峡对面的大英帝国,更是对他到了恨之入骨、闻之胆寒、谈"狼"色变的地步。要知道,邓尼茨并非是浪得虚名之辈,他曾经是在第二次世界大战的大西洋战场上差点勒断大不列颠海外补给线脖子的德意志潜艇——"狼群"的掌门人、战术大师,人送绰号"狼群教父"、"大西洋狼王"。他手下战将如云,战舰过千,成千上万吨的盟国舰船在其手中灰飞烟灭……然而这一切令人炫目的战绩和荣耀的光环,都随着第三帝国的崩溃

而烟消云散了。

此时的邓尼茨虽然只有55岁，正当人生知天命的黄金岁月，但阶下囚的身份却使其看上去只是一位显得落寞而郁郁寡欢的德国中年人，只有那依然犀利的双眸中隐忍不发的光华，才能让人们感觉出此人并非寻常的碌碌之辈……

邓尼茨入狱以后基本上是过着躬耕陇亩的日子，他潜心读书，积极锻炼身体（邓尼茨的身体十分了得，他病逝于1980年12月，是纳粹德国26名元帅中最后一位告别这个世界的），常常静静地思考过去的日子，通常显得比较沉默寡言。但是这绝不意味着他已经向盟军屈服，认罪伏法。恰恰相反，他在宣判的当日即提出上诉，对自己的10年刑期表达了明确的不接受态度，而这仅仅是他表示不接受纽伦堡审判的开始，这种抗拒终其一生。至于读书和锻炼身体，是因为如果出狱后还要继续工作，必须需要强健的体魄和清醒的头脑罢了。由于他拒不悔罪，而且还精明过人（据说有某位好事的美国专家学者，专门跑到施潘道监狱给这些身份特殊的囚徒测智商，邓尼茨高达138，居于首位），因此看守把他作为最危险的罪犯来看待，并给他起了个外号叫"施潘道监狱的狮子"——简称"狮子"。这无疑是对这位大西洋"狼王"的另类褒奖了。

由于邓尼茨比较沉默寡言，又总是爱戴一副墨镜，人们很难透过他的墨镜洞察其心事。其实，他就算是不戴墨镜的时候，人们也很难从他那深邃的目光中看出什么。他常常在思考，似乎又是在回忆过去，他的目光似乎能够穿透牢房的高墙铁窗，而他的思绪更是常常飞到了过去。人们当然不可能走进邓尼茨的内心去一探究竟，但是人们有理由相信，一定会有这样的场景常常浮现在邓尼茨元帅的记忆里……

场景一：

28年前的地中海海面，年仅27岁的德意志第二帝国海军中尉意气风发，出任UC-25号潜艇艇长，并于当年就旗开得胜，赢得了霍亨索伦王朝的十字勋章，在这枚十字勋章的背后，是两个成功的布雷区和将5艘运输船送入海底的战绩，虽然还不能被视作什么惊为天人的辉煌战绩，却也堪称一个在潜艇作战方面的可造之才的初露头角。这就是年轻的邓尼茨中尉在第一次世界大战这台波澜壮阔的大戏舞台上的第一次独立亮相……

场景二：

还是27岁的海军中尉，还是那枚十字勋章，只是背景没有了大海和潜艇，换成了铁丝网和冷冰冰的枪口，坐在异国的土地上啃着土豆，未来的"狼王"咀嚼着失意的苦涩，在战俘营里经历着痛苦的涅槃与蜕变，为了自己，也为了德国潜艇的未来，他痛苦地思考着有关潜艇作战的战略战术问题……

邓尼茨的命运从天堂到地狱的改变，既是由于自身的稚嫩、作战经验不足所必交的昂贵学费，同时也反映出德意志帝国这个传统的欧洲陆军强国在争夺海权的过程中的准备不足，从作战理念到战略战术，再到官兵的整体素质、斗志、机变，等等，普鲁士与不列颠这个海上强国的差距何止是一星半点！

邓尼茨的潜艇被击沉，他和29名部下沦为阶下囚是因为UB-68号潜艇（邓尼茨是1918年9月调任该艇艇长的）奉命单艇出击英国护航船队，结果被英国护航舰击伤，在失去平衡、失控并进水下沉的情况下，作为艇长的邓尼茨果断命令吹除压载水，潜艇减重冲出水面，全体人员生还。但暴露于英舰猛烈炮火下的受损潜艇既无法下潜隐蔽逃脱，更无可能和水面舰艇进行火力对抗，邓尼茨只有接受自沉潜艇，选择了全体人员被俘的悲催命运。在此之后，他在约克郡的战俘营待了10个月，直到被英方遣返回战败的德国。

邓尼茨在英国战俘营的最大收获是琢磨出了新的潜艇作战战术，即以潜艇群取代单艇攻击护航船队，以获取最大战果。就这样，20年后令英国人闻之色变的"狼群战术"诞生了……

场景三：

11年前……在历经了17年的岁月磨砺洗礼之后，昔日意气风发的毛头小伙已经蜕去了以往不成熟的青涩，开始步入成熟稳健的中年，44岁的邓尼茨已经从中尉晋升为了上校，而且同时还重操旧业，在1935年的10月出任德国海军潜艇部队——"韦迪根"支队司令。而更让邓尼茨喜不自胜的，是不久以前《英德海军协定》彻底解除了德国海军建造和拥有潜艇的限制，这意味着德国海军可以不受任何限制地进行潜艇的研发、装备、部署和使用了，而"韦迪根"支队就是在这一协定签署后建立的第一支潜艇部队。眼看大展宏图，向英国人讨还旧债的机会已在眼前，邓尼茨怎么可能不激动？而作为潜艇支队司令、海军上校,其职权虽然不能和更高级的将领比,但至少也不用像当年的小艇长一样悲催——有想法却没有实践的机会,也没人乐意听。邓尼茨终于可以有机会把想法变成实际了。但是邓尼茨并不知道,也不可能知道,历史留给他的时间已经不多了……

场景四:

3年前,刚过天命之年的邓尼茨已经晋升海军上将一年了,作为德国海军潜艇部队的司令,他的部队战绩辉煌,令盟军谈"狼"色变,但是德国海军乃至于整个德国的形势却是每况愈下、不容乐观了。而就在这个节骨眼儿上,希特勒与海军总司令雷德尔元帅之间的矛盾公开化了,后者愤然辞职,希特勒走马换将,钦点邓尼茨出任海军总司令。从希特勒手中接过沉甸甸且装饰华丽的、代表着最高军事荣誉的海军元帅权杖,邓尼茨已无暇沾沾自喜,他想的是如何扭转战局,是否能胜姑且再论,能争取平局已经是不幸中之大幸了,但是,交到邓尼茨手中的这把牌已经实在是没有任何让他保持乐观的理由了……

场景五:

一年前,准确地说是大约一年半以前,1945年四五月间的德国已经是满目疮痍、穷途末路、困兽犹斗了,整个第三帝国已经处于分崩离析的前夕了,然而就在此时此刻,行将自尽的希特勒一纸遗嘱,把邓尼茨推到了末代元首的宝座上,也使邓尼茨的命运发生了大逆转,邓尼茨作为末代元首,明知不可为而为之,在自己完全陌生的领域穷其心智,惨淡经营,想努力为德国和自己争取到一个相对有利和体面的结局,但怎奈形势险恶,最终还是兵败国灭,东西德最终天各一方,而20天的元首宝座更换来了自己10年的铁窗生涯……

"狼王"出世

卡尔·冯·邓尼茨海军元帅虽然毫无争议地坐上了纳粹德国海军潜艇部队的缔造者、奠基者、教父、导师、灵魂人物这样的超重量级的位置,并且其所具有的创新性、变革性、前瞻性思想,对于潜艇这种古老的海战武器在二战后自身技术、战术的迅速发展,其战略地位的迅速跃升所起到的推动作用,实际上是令人难以想象的巨大,但是,他之所以能取得辉煌战绩的原因却不是很多人所想象的那样。比如,由于在海边成长,世世代代与大海为邻,所以得到了海洋的滋养造就;有如,海军世家的出身,使其家学渊源,饱受熏陶……这些想象听起来很美好,但是实际上并非如此,这与历史事实相去甚远,因为邓尼茨家族的身世与大海扯不上半点关系,正如他们的祖国——德国一样,深深扎根于欧罗巴大地。

1891年9月16日,卡尔·冯·邓尼茨出生于柏林近郊的格林瑙,他的祖辈几百年来一直是萨勒河口地区易北河畔古老的日耳曼新村的世袭庄园主和村长，后来从这个农民村长的家族里也出现了福音新教的牧师、军官和学者。其姓名中缀有"冯"的字眼儿，表明了其贵族的身份，不过应该是小贵族，而到了他的父亲这一代，明显地平民化了。他的父亲，老邓尼茨名叫埃美尔，是蔡司公司的一名工程师。他的母亲名叫安娜，娘家姓拜尔，由于邓尼茨4岁丧母，恐怕这位元帅从小没有多少关于母亲和母爱的记忆了。邓尼茨在家里是次子，他还有一位兄长名叫弗里德里希，关于他的这位兄长，在历史上记录的相关资料少得可怜。

在邓尼茨的母亲去世以后，父亲老邓尼茨没有再度续弦，而是独立把兄弟二人抚养成人，并让兄弟俩在德国魏玛的私立学校里接受了最为正统的教育。高中学业结束后，邓尼茨和他的兄长都并没有子承父业，踏踏实实地做一名德国的工程技术人员，而是选择了与家族传统职业反差颇大的航海事业，只不过两兄弟志向有所不同，大哥弗里德里希投身于商业海军（这个名词实在是太难以理解了，作者始终都不知道元帅这位大哥究竟应该算是什么职业的），而卡尔·冯·邓尼茨则在他18周岁那一年，也就是1910年应征入伍，参加了德皇海军。这支海军就是后来在历史上赫赫有名，在规模上仅次于大英帝国皇家海军的德意志第二帝国公海舰队。

但是天有不测风云，老邓尼茨最终没有能够等到亲眼看见儿子功成名就的时刻，在两年以后，也就是1912年撒手人寰，离开了人世，也离开了他最牵挂的两个儿子。在这之后，邓尼茨的心里是亦喜亦忧，忧的是兄弟俩天各一方，关山阻隔，久未谋面，亲情逐渐淡漠，兄弟两人逐渐形同陌路，这等于是继父亲去世以后，世间唯一的亲人也名存实亡，其亲情世界等于是一片沙漠地带，这对于一个年轻人的打击是可以想象的；喜的是他已经成为一名职业海军军人，失去所有亲人的痛苦可以让他不得不去适应独对孤灯的恶劣环境，从而逐渐变得心硬血冷，迅速收获那种超越年龄的成熟。这份人生经历对于邓尼茨日后能够成长为一名优秀的潜艇指挥官和海军高级将领来说，是有着一定的催化剂般的积极作用的。而同时由于没有了亲情的羁绊，他可以全身心地将大海、军营、战舰当成自己唯一的家，可以心无旁骛地在军营里摸爬滚打，潜心钻研技术、战术，磨炼意志品质，可以一往无前、意气风发地在即将打响的第一次世界大战海战的辽阔舞台上，去努力地建功立业，创造属于卡尔·冯·邓尼茨的那一份战功和荣耀。

那么卡尔·冯·邓尼茨这个初出茅庐的年轻人，在第一次世界大战时期的德意志第二帝国海军中，又有何种经历和表现呢？

前面说过邓尼茨于1910年加入海军，入伍以后，他先是以海军预备军官的身份服役于德国海军的"汉莎"号训练舰，为期一年。关于这个时期邓尼茨的身份，众说纷纭，有军校生、见习水手、预备军官等各种译法。但是可以肯定的是，这个时候的邓尼茨还没有取得正式军官资格，也没有进入军校学习，在舰上肯定是属于最底层的干粗活人员了。训练舰上恶劣、肮脏的服役环境，对年轻的邓尼茨是一种体肤和意志力的磨砺。

一年以后，邓尼茨进入到了位于弗伦斯堡的弗伦斯堡－米尔维克海军学院（亦被译成海军学校）学习，这所正规的德国海军军事院校是由德意志帝国皇帝威廉二世于1910年创建，本身是一战前英德海军军备竞赛的产物，但是师法于英国皇家海军学院，因此教学水平还是相当可圈可点的，这里也培养出了包括邓尼茨在内的德国海军的大批精英。实际上，邓尼茨与他母校的联系刚刚开始。在军校学习期间，除了学习必修的军事理论和军事技能以外，还学习了当时要求海军军官们务必要掌握的包括骑马、跳舞等礼仪性内容，以能够成为合格的"穿军装的绅士"。而这其中对邓尼茨影响颇为深远的当属从一进入帝国海军当海军预备军官时就受到康德原则"绝对命令"的思想教育，按照这位德国哲学家的基本原则，最高的道德准则就是履行职责。"绝对命令"是康德唯心主义哲学中的伦理原则，康德把绝对命令表述为："不论做什么，总应该做到使你的意志所遵循的准则永远同时能够成为一条普遍的立法原理。"康德的"绝对命令"，在于强调意志自律和道德原则的普遍有效性，它体现了康德伦理学的实质。这个原则对邓尼茨同一时代的德国海军预备军官中的许多人来说，并不是什么新鲜的东西。他们在童年时期就从他们的父母那里受到这种思想的熏陶，形成了普鲁士王朝以来在德国培植起来的一种心理状态和精神状态，它对普鲁士的强盛及其政治上的安全曾经起过重大的作用。与履行职责这个原则密切相关而且在很大程度上也是联结在一起的，还有海军预备军官们的上级提出的教育要求：循规守礼，不要去干违反基本道德原则的不正当的事情。而在这些海军预备军官身上所施加的履行职责的教育，也会在他们往后多年的海军生涯中经常起作用。邓尼茨在海军学院学习一年后，取得军官任职资格。

就这样，在作为海军预备军官和见习军官受训两年半以后，邓尼茨于1912年秋以海军少尉军衔被派到德国海军的"布雷斯劳"号巡洋舰上去（舰名是以当时德国下西里西亚的首府布雷斯劳命名，二战结束后该城市划归波兰境内，已经被改称作弗罗茨瓦夫，是波兰第四大城市）。这是一艘当时德国舰队中最现代化的轻巡洋舰。1912年夏，该舰经过多次试航，在编入联合舰队之前，曾护送过德国皇帝前往挪威旅行。

1912年11月6日，"布雷斯劳"号同德国战列巡洋舰"戈本"号一起被调往地中海。巴尔干战争爆发了。这样，邓尼茨也就参加了一战前德国海军同其他国家海军协同作战的一系列军事行动，例如封锁门的内哥罗，对阿尔巴尼亚的斯库台城实行国际占领，委任冯·维德皇太子为阿尔巴尼亚国王并由德国海军和阿尔巴尼亚部族酋长普伦克·比布多达一起在都拉斯港对其实施保护，以及平定以埃萨德·帕夏为首的阿尔巴尼亚部族暴动。

毫无疑问，这些在一战爆发前邓尼茨参与的国际军事行动，既能使他熟悉异国的海军状况，也能熟悉异国的风土人情，这对于邓尼茨这个当时还很年轻的见习军官和海军少尉扩大眼界、丰富阅历来说是非常有利的。无论如何总比他待在德国联合舰队（主要在北海南部）活动范围有限的空间里度过这几年要好得多，而大多数与他年龄相仿的同僚都是这样度过的，由此看来，邓尼茨还是相当幸运的。

但是邓尼茨在"布雷斯劳"号的经历还不止这些。1914年春，他所服役的军舰作为"护皇舰"从威尼斯接回"霍亨索伦"号游艇上的皇帝，然后护送他到科孚岛去休养。在执行护航任务的这段时间里，邓尼茨作为年轻军官有机会和当时的皇室贵族有所接触，毕竟他的军衔还只是下级军官，那些高高在上的皇室贵族们不大会把这个小小的海军少尉放在心上，但是在同这些社会上流阶层的接触中，邓尼茨也琢磨出了自己的一套原则，那就是：我行我素，保持分寸，处事谨慎，恪尽本分。这样一来，自己的人格反而可以受到这些贵族们的尊重，尽管这种尊重可能只是表面上的和礼节性的。可见在待人接物方面，尽管面对着比自己地位、身份高很多的大人物们，年轻的邓尼茨也已经能够表现出比较独特的个性和灵活谨慎的处事原则了，正所谓是初生牛犊不怕虎，这种特性将让邓尼茨受益终生。

1914年7月28日，第一次世界大战爆发了。在海军上将祖雄的领导下，"戈本"号和"布雷斯劳"号成功地避开了优势的法国和英国的地中海舰队，到达了君士坦丁堡。德国海军的军舰驶入达达尼尔海峡，土耳其站到德国的阵营一边，加入同盟国集团对协约国集团作战。当然这两艘战舰也就转交土耳其海军，作为其加入同盟国集团的交换条件之一，这两艘战舰随即就作为土耳其海军的骨干力量积极活跃在了黑海和地中海海域。

在1914年最后几个月和1915年、1916年，"布雷斯劳"号开始在黑海进行连续性的活动：为土耳其运输舰护航、保卫土耳其的高加索战线、执行炮击（目标包括新沃罗西斯克的油库，费奥多西亚的鱼雷制造厂等）和进行布雷等一系列作战任务。在这一过程中，德国海军经常要同俄国海军进行作战，"布雷斯劳"号和"戈本"号还参与了击沉俄国战列舰"罗斯季斯拉夫"号（亦有说法是没有击沉）和14艘运输船的作战行动。

在"布雷斯劳"号舰上这两年的战斗生活使邓尼茨受益匪浅，这让邓尼茨这个初出茅庐的年轻军官直观地在瞬息万变的战场上学习了如何在白天和黑夜进行实际的水面作战和处置交战时可能发生的各种情况。这是在军校的课堂和教科书里不可能学到的以生命为代价的宝贵经验教训。

邓尼茨对此总结的经验教训是：如果你在敌人的海域里仅仅是巡航，那就着重注意你的安全，要提高警惕，要提防敌人种种可能的袭击，尽管在你看来这种袭击的可能性是微乎其微的。但如果你是在作战，那么你的主导思想就是消灭敌人，要为实现这一目标而全力以赴，充分使用你的战斗武器狠狠地打。在你面前的敌人不管是劣势的、均势的，甚至是优势的，你都要战斗、再战斗，切勿由于某些往往表面看来似乎是正确的想法而过早地中断战斗，因为这些想法无非是出于你自觉或不自觉地为自己的安全担忧。

在地中海战场作战期间，邓尼茨的经历不仅局限于在"布雷斯劳"号上的水面舰艇作战，在获得了一些初步的作战经验后，随着"布雷斯劳"号的大修，他被派往了驻加利波利的航空部队，职务是担任飞机观测员和机场导航员，据说工作颇受上级嘉许，因为很快他就获得了晋升。

1916年对于邓尼茨来说，应该是事业、家庭双丰收的年头，他先是在这一年的3月份，晋升为海军中尉，5月份，邓尼茨收获了属于自己的爱情之果，娶了德国驻土耳其武官的女儿茵戈波·韦伯。这段感情使邓尼茨先前几乎是一片沙漠般的感情世界大受润泽，这使得邓尼茨非常珍视合家团圆的机会，在此之后，邓尼茨一直是以强烈的家庭观念和责任感著称的。很快，邓尼茨就开始能够享受为人父的天伦之乐了，尽管由于战争的影响，一家人（转年他的女儿乌苏拉出生，接下来，他的两个儿子克劳斯和彼得先后于1920年和

1922年来到人间,后来这兄弟俩也投身于德国海军,并先后于二战中战死)过着聚少离多的日子。

这年秋天,邓尼茨的军事生涯迎来了至关重要的转折点,9月份,他志愿加入到潜艇部队(此后终其一生都与潜艇结下不解之缘)。经过为期三个月的潜艇技术训练后,邓尼茨于1917年初返回地中海战场,并于同年2月当上了由杰出的潜艇指挥官海军上尉瓦尔特·福斯特曼(一战二号王牌艇长)指挥的U-39潜艇的值更军官,到10月份,邓尼茨乘这艘潜艇在地中海和大西洋参加了5次远航作战,远航归来的U-39潜艇带着32艘运输船的战绩,而邓尼茨则收获了和福斯特曼艇长的深厚友谊,并向福斯特曼艇长学习了潜艇夜间水面攻击战术,而这成了未来"狼群战术"的重要组成部分。1918年2月,邓尼茨被提升为UC-25潜艇艇长,任职期间两次率领这艘小而且旧的潜艇出征地中海,成功布设了两个雷区,击沉5艘运输船,从而获得十字勋章。

1918年7月,邓尼茨调任UB-68潜艇艇长,月底,邓尼茨再度率艇出征,作为一个渴望进一步建功立业的年轻的潜艇艇长,邓尼茨意气风发,但是他不可能知道的是,历史留给他个人在第一次世界大战舞台上的时间已经进入倒计时了,而留给德意志第二帝国的时间也同样是屈指可数了。邓尼茨想的是怎么能够更多地击沉协约国船只,从而能够为帝国摆脱目前的不利局面尽一些微薄之力而已。所以他准备和施泰因鲍尔海军上尉(也因战功曾荣获十字勋章)各率一艘潜艇从亚德里亚海岸奥地利的普拉军港起航,他们要出海协同作战,到马耳他附近海域等待英国穿过苏伊士运河从东面驶来的大型护航运输队，利用朔月（月初阶段，月光晦暗不明，利于隐蔽）对其发起攻击。

邓尼茨和战友打算利用潜艇侧影小，不易被发现等有利条件，先从水面穿过敌人的驱逐舰护航兵力，然后驶近护航运输队的核心，对多列商船纵队实施水面袭击。他们约定在西西里岛东南50海里、方位315°处的海域会合。据我们所知，两艘潜艇协同作战这还是第一次。在这之前，潜艇一直是单独作战的：它们单独出航，单独巡航，单独对付反潜兵力，并单独搜索和攻击敌目标。那时，潜艇的通信手段——无线电报还无法使潜艇实施协同作战，因为当时尚无短波和长波通信，潜艇一下潜即失去任何无线电联络。在水面状态通信时，也必须在两根桅杆之间架设一部天线，以便能用长波发报。但这种办法耗电量太大，通信距离也极其有限。在发报时，潜艇处于半潜状态，处境非常危险，而且无法实施任何攻击。由此可见，作战战术的选择是要受到技术条件限制的，而且战术的选择，很大程度是基于对于潜艇这种武器属性的定位，长期以来，潜艇被定位于类似刺客的一种武器，其水下隐蔽、暗夜偷袭的战法是为正统的海军人士所不齿的，而这种传统的观念也在一定程度上制约了对潜艇这种武器技、战术的研究和开发。

1918年10月3日晚，邓尼茨的潜艇如约到达西西里岛东南的会合点，在那里等待施泰因鲍尔，但他却杳无音信。后来邓尼茨才知道，由于修艇，他推迟了起航时间。

深夜1点左右，UB-68艇值更官在指挥台上发现东南方向漆黑的天空中有一个黑色的香肠似的庞然大物在蠕动，原来是一个拴在一艘驱逐舰舰尾的系留气球。这艘驱逐舰就是所谓的"清道夫",之所以称这艘驱逐舰为"清道夫",是因为它在护航运输队的前面沿"之"字形航线左右机动行驶,为其"清扫"航道,以迫使敌方潜艇尽早下潜,使之无法实施攻击,即敌护航运输队护航兵力的"开路先锋"。不久,邓尼茨发现在黑暗中蠕动的黑影越来越多,看见了另外一些驱逐舰和护航舰艇,最后邓尼茨终于看到了船队的庞大的侧影:这是一支满载货物的护航运输队,从东亚的印度和中国来到这片海域并向西航行。

UB-68艇悄悄地穿过了敌驱逐舰护航兵力,准备对外侧的那列商船纵队的第一艘商船发起攻击。突然整个船队转向,朝邓尼茨驶来。这种突然改变航向的做法可能就是按预定方案沿"之"字形航线航行的一种方式。整个护航运输队这样按"之"字形机动航行,目的在于增加潜艇实施攻击的困难。邓尼茨见状急忙下令转向,紧跟在刚才他想攻击的第一艘商船的后面。这样,UB-68艇便恰恰处于第一列和第二列商船纵队之间了。于是邓尼茨立即从这个位置对第二列商船纵队中的一艘大型商船进行攻击。一条巨大的明亮的水柱在那艘商船的前面升起,紧接着是一阵震耳欲聋的爆炸声。这时一艘驱逐舰劈波斩浪向UB-68艇急驶而来。邓尼茨急忙发出警报,下潜,并等待着深水炸弹的攻击。但是毫无动静。也许驱逐舰舰长怕误伤已方的船只,而未敢投放深水炸弹。

邓尼茨指挥潜艇从水下摆脱了英国护航驱逐舰,然后小心翼翼地上浮,邓尼茨独自扒在刚露出水面的指挥台上向外瞭望,发现护航运输队在继续西行。在UB-68艇附近还有一艘英国驱逐舰,它就在刚才被邓尼茨鱼雷击中而沉没的那艘商船旁边。邓尼茨下令把水柜全部排空,让潜艇完全浮出水面，跟随在那支西行的护航运输队的后面，邓尼茨企图尽可能利用黑夜对它再次实施水面攻击。然而黎明来得太快了，这也从侧面反映出这一时期潜艇航速慢的尴尬现实，所以当邓尼茨艇追上护航运输队时，天已经大亮了，邓尼茨只得再次让潜艇下潜。稍后，邓尼茨打算在潜望镜深度实施水下攻击，但事与愿违。由于 UB-68 艇（一艘 B-III 型德国潜艇，曾在船厂进行过重大改装）突然失去平衡，艇内突然出现一片混乱；电池的电解液外溢，灯光熄灭，潜艇在黑暗中迅速下沉。而且下面还有相当的水深，约 2500~3000 米。当艇下潜到 60~70 米深度时，邓尼茨不敢让艇继续下沉了，这已是艇壳所能承受的最大压力了。邓尼茨下令排空所有压载水柜，停车，然后倒车并急转舵，尽力制止潜艇继续下沉。这时能干的值更官米森中尉用手电筒检查指挥台里的压力表，压力表的指针仍顺时针狂转，潜艇仍在急剧下沉，然后又迅速回转。排空压载水柜还真的起了作用，排空了水的艇体轻盈地迅速上升。邓尼茨打开指挥台的舱口盖环顾四周，外面的天已经大亮了。UB-68 艇位于护航运输队中间，这个位置实在是太不幸了！驱逐舰和商船都挂上了信号旗，汽笛声此起彼落，商船已转向，并用尾炮向邓尼茨艇射击；驱逐舰也向 UB-68 艇驶来，并且连连开火。当时情况非常紧张，邓尼茨本想尽快地再次紧急下潜，但已办不到了，压缩空气已经耗尽，而且潜艇已中弹，开始进水。邓尼茨知道这就是 UB-68 潜艇的结局，于是下令："全体人员离艇。"

一战期间,一艘德国 U 型潜艇上浮后,船员正在观察敌情

邓尼茨和他的部下们解开了白天准备好的拴在甲板上的一大捆软木,每个艇员除穿上救生衣外尽量再携带一块软木。使邓尼茨痛心的是已有 7 人阵亡,其中包括少尉机电长耶申。

潜艇沉没了,英国人的护航运输队继续西进,UB-68 艇的官兵们漂浮在海面上。后来英国皇家海军的一艘护航驱逐舰返回,把他们从水中捞起。

邓尼茨在第一次世界大战中的潜艇作战活动就这样结束了。大约一个月以后,基尔港水兵起义,引发了德国十一月革命,德意志帝国崩溃了,德皇威廉二世退位并逃往荷兰,第一次世界大战以德国的无条件投降而落下了帷幕。当然，邓尼茨是在英国的战俘营里听到这个悲惨的消息的。但是最后一夜的战斗使邓尼茨懂得了一个基本原则：潜艇在夜暗的掩护下从水面对护航运输队实施攻击是大有成功希望的。同一时间发动攻击的潜艇数量越多，局势对每一艘潜艇来说就越有利。因为舰船的爆炸和沉没会使敌人在黑暗中变得混乱，使担任掩护的驱逐舰方寸大乱，并由于遭到突然而大量的攻击而导致船队被迫分散行动，而这会使船队的损失进一步加剧。因此，对拥有大量舰船的护航运输队，必须尽可能使用许多艘潜艇来对付之。而如果要运用多艘潜艇同时配合攻击，还需要解决更多的难题，邓尼茨进一步认识到潜艇战的关键在于：必须集中多艘潜艇协同作战以战胜集中的船只和护航队的监视舰只。因此就要求能对这些潜艇进行战术指挥，也就是说，要使潜艇既具有水面作战的灵活性，同时也要具有能进行水面夜袭的优越性。这就是邓尼茨在第一次世界大战中，通过巡洋舰和潜艇的作战所获得的海战经验，它也就成了后来邓尼茨所实行的称为"狼群战术"的基础。在当时邓尼茨只能带着这种具有前瞻性的认识被押进了英国的战俘营，并且用10个月的监禁时间来继续完善他的思考方案。

从整个战局来看，在第一次世界大战中德国发动的无限制潜艇战确实曾经取得了巨大战果，但自从1917年英国采用护航运输队的编队方法（护航体制）之后，无限制潜艇战便开始失去了其决定性的作用。由于有了护航编队，海洋上很少遇到落单的商船，德国潜艇单艘地在海上游弋，长期一无所获。

有时突然遇到一大批商船，约30~60艘以上，但其周围有各种军舰担任强有力的护航,因此无法对其实施攻击。有时,一艘潜艇意外地发现了一支护航运输队,并对其发起攻击,艇长的意志异常坚强,几天几夜连续攻击,直至全艇官兵筋疲力尽为止。攻击结果纵然有一两艘甚至更多的商船被击沉,但这个损失数对护航运输队而言,只是一个微小的百分比!护航运输队依然继续前进。在通常情况下,它们再也不会碰到德国潜艇了。它们安然地抵达英国,并把大批武器、生活资料和原料运回国内。德国的海上封锁也就自然而然地宣告失败了。

相关链接:

第一次世界大战中德国的无限制潜艇战

所谓"无限制潜艇战",是德国海军部于1917年2月宣布的一种潜艇作战方法,即德国潜艇可以事先不发警告,而任意击沉任何开往英国水域的商船,其目的是要对英国进行封锁。其开始的标志通常都是以1917年1月9日,德皇威廉二世在御前会议上最终表示了认可,当天便向其海军总参谋长霍尔岑多夫发出命令:"我命令从2月1日起,全面开始无限制潜艇战。"其实德国在1914年第一次世界大战开始后,就对协约国实施潜艇战,给英国商船和战舰以重大打击,后因担心欧洲反德浪潮的加剧,不得不采取"有限制潜艇战"。要求包括潜艇在内的海军官兵遵守所谓的"捕获法则",不得滥杀无辜而影响到德国的国际形象。后来因为在1916年的凡尔登战役和日德兰海战中,德军都没有取得战略主动权,面对着不利的战局,一些将领寄希望于潜艇部队能够翻盘扭转战局,所以鼓动德皇威廉二世批准了所谓"无限制潜艇战",当然这个战法从军事上没有取得希望的成果,即封锁英国造成其崩溃,在政治上也授人以柄。美国就是打着反对所谓"无限制潜艇战"的旗号参战的。抛开美国的政治噱头不说,单纯评价这种战法,应该属于是一种很现实的无奈之举。这还要从"捕获法则"说起,这是欧洲战争中的规则之一,根据1856年《巴黎海战宣言》编纂的关于"捕获"的惯例,明文规定:"装在悬挂中立国国旗船只内的敌国货物,除战时禁制品外,不得拿捕,装在悬挂敌国国旗船只内的中立国货物,除战时禁制品外,不得拿捕。"战时禁制品指违反禁令的物品,即交战各方禁止运送给敌国的货物。战时禁制品又可以细致分为:①绝对禁制品,或称无条件禁制品,即完全属于军用的物品;②相对禁制品,或称有条件禁制品,即可供军用也可供民用的物品;③自由物品,即不得作为禁制品的物品。

简言之,在实践当中,要求海军首先能够做到追得上,即有能力追上目标船;其次是登得上,即能够派遣足够的人员登上目标船进行检查;再次是扣得住,就是足以对目标船构成相当的威慑力,令其不至于逃跑或者反抗;最后是送得走,即扣押的船员或是送往中立国,或是扣押在自己手里,总之不伤其性命就是了,这也是这一法则制定的目的。但是法则的制定人不可能想到会有潜艇这样一种武器出现,而且上述要求哪一条在潜艇这里也实现不了,不是乐意与否的问题,是做不到。当时的潜艇可以这样概括:艇慢人少空间小,出水暴露活不了。什么意思呢?是说潜艇追不上水面船只,即使截住了,也没有足够人手登船检查,船只面对潜艇或跑或撞招数有的是,而且潜艇上的空间极其有限,即便是抓了人也没地方关,最重要的是潜艇最有力的武器是潜在水下的隐蔽性，一旦暴露于水面，将是被动挨打的局面，自身都将不保，何谈封锁控制对方呢？所以潜艇不遵守这一法则，是潜艇本身的性能所决定，即便今天的现代化潜艇也同样不能遵守所谓的捕获法则。

U-39、UC-25 和 UB-68 潜艇的性能：

这三艘潜艇因为都曾经是本书主人公战斗过的潜艇，所以将它们的性能开列于后，方便有兴趣的读者一览。

U-39 潜艇，基本性能如下：排水量：水上 680 吨，水下 870 吨，4 座鱼雷发射管呈艏 2 艉 2 布局，备用鱼雷 6 枚，装备两门 88 毫米甲板炮；续航力：水上 4440 英里 /8 节，水下 80 英里 /5 节；最大航速：水上 16 节，水下 9 节；乘员人数：39 人（含 4 名军官）。

UC-25 潜艇，基本性能如下：排水量：水上 410 吨，水下 490 吨，艇艏 1 座鱼雷发射管布局，备用鱼雷 7 枚，装备一门 24 倍口径的 88 毫米甲板炮；续航力：水上 6910 英里 /7 节，水下 55 英里 /4 节；最大航速：水上 11 节，水下 6 节；乘员人数：26 人（含 3 名军官）。

UB-68 潜艇，基本性能如下：排水量：水上 510 吨，水下 650 吨，5 座鱼雷发射管呈艏 4 艉 1 布局，备用鱼雷 10 枚，装备一门 88 毫米甲板炮，续航力：水上 4200 英里 /5 节，水下 55 英里 /4 节；最大航速：水上 13 节，水下 7 节；乘员人数：34 人（含 3 名军官）。

上篇
费踌躇 仓皇而起赴戎机

最适合的战斗武器,而且建造速度又快——与建立一支舰队相比——那就是潜艇。

　　——德国海军总司令兼潜艇部队司令卡尔·冯·邓尼茨海军元帅

惨淡经营

　　1918年11月11日，第一次世界大战落下帷幕，德意志第二帝国土崩瓦解，帝国的武装力量放下武器宣告投降，而这对于包括潜艇部队在内的德国海军舰队来说，不啻灭顶之灾，随着一声"彩虹"令下，德意志国家节衣缩食打造的、曾经威风凛凛、位列世界第二位的大洋舰队霎时间自沉于万顷波涛之中，这个民族对于海洋、海权的无限憧憬也随之无可奈何花落去。残余的海军舰艇或被协约国瓜分，或遭解体的厄运，一时间，昔日樯橹帆缆如云的军港变得空空荡荡，此情此景，怎能不让刚刚在1919年7月从英国战俘营遣返归来的邓尼茨黯然神伤。但是，邓尼茨毕竟是铁血军人，又正值血气方刚的年龄，所以在他的身上，人们看到更多的不是儿女情长，而是一种"大不了，从头再来"的豪迈之气。历史给我们留下了当时邓尼茨在新的帝国海军的基尔海军基地司令部里的一段对话。

　　有人问："您还打算干海军吗？"邓尼茨反问："我们不久就会有潜艇，

您信不信？"问话人答道："我当然相信，但并非大家都相信。我们希望在两年之内拥有潜艇。"

这一番问答并非是朋友间私下闲谈，问话者是奥托·舒尔茨海军上校，时任新的德国海军负责审核留用军官的负责人。因为《凡尔赛和约》严格限制了德国的军队规模，留给海军的编制只有15000人，其中军官数不到十分之一，要想在这样精英规模的队伍里谋得一个位置，非得是海军中的翘楚不可，所以从这点看，年轻的邓尼茨能够重新入伍，说明海军对其技、战术水平还是相当认可的。这一番对话也给了邓尼茨在海军中再次建功立业的勇气和憧憬。

在两次世界大战之间的20年人生时间里，邓尼茨不仅完成了从一个血气方刚的青年人向成熟老练的中年人的转化历程，而且在这20年里，他也目睹了德国的起起伏伏，这对于邓尼茨乃至于他们那整整一代德国人的思想变化，都是至关重要的，当然对于欧洲乃至于世界，其实也是至关重要的。这20年中，邓尼茨的任职经历也是跌宕起伏，有惊有喜，而以1935年《英德海军协定》的签署为界，可以明显分成前后两个时期：前16年，德国海军涅槃重生、蹒跚前行，邓尼茨主要是在水面舰艇部队任职，其间还在海军领导机关任职；后4年，德国海军解除束缚，跃跃欲试，邓尼茨也回归本行，重操旧业。那么邓尼茨在这20年的岁月里人生境遇到底如何，下面我们就来一探究竟。

从1920年春至1923年3月邓尼茨以海军中尉军衔担任鱼雷艇艇长。这个任命不会让邓尼茨有任何高兴的理由，作为一名曾经有所建树的潜艇艇长，他非常渴望继续在潜艇上大显身手，把当年没有实现的战术构想一步步变成现实。但事与愿违，德国一直受《凡尔赛和约》的束缚，在1935年之前，德国不许拥有潜艇，邓尼茨也就没有机会与潜艇打任何交道，只能接受在鱼雷艇任职的命运安排。

不过，邓尼茨虽然在鱼雷艇任职，但和潜艇还是有联系的，只不过和过去相比是倒过来了，因为鱼雷艇的作战任务之一就是反潜！这简直让邓尼茨有一种人生无常的感慨。因为当初一战时期，在黑海时他对俄国鱼雷艇的战术和效能就有一定的了解，而且1916—1918年间邓尼茨在潜艇战斗时更是直接感受到过英国鱼雷艇对德国潜艇攻击的亲身体验，那么现在，到了和平时期，邓尼茨却要把这种感受亲自在战术和武器上来对潜艇加以实施了，其心中大约是五味杂陈。但是如果从另外一个角度来看待这段任职经历，就会发现这对于邓尼茨将来在潜艇战术的制定将是大有益处的，至少他对于这些"潜艇猎人"的战术是相当熟悉了，这对未来的德国潜艇部队的将士而言无疑将是福音。

继这段鱼雷艇上的生活之后，自1924年秋至1927年10月，邓尼茨在海军总司令部担任助理（大概相当于高级参谋，此前他已于1921年晋升海军上尉军衔）。在这段时间里，他整天忙于制定纪律条令、处理武装部队的内部政治问题、参与修订军队惩处法附则，并且还得为这些任务同国会的各个委员会和政府的其他机构打交道。这些工作同邓尼茨过去在前线所从事的工作完全不一样。但是，大概也正是由于这个原因，才派邓尼茨来当助理，以便在这里能将前线的情况如实地反映出来，使上述条令和相应的决定能够真正切合前线的情况。

不得不说，在海军总司令部的这项不同于邓尼茨以往军人生涯的工作，说明了他的上级还是知人善任的，而且这对于邓尼茨个人的深远意义是很大的。首先，个人的努力和才能容易被上级发现，这对个人的事业无疑是一件好事；其次，在基层工作，眼界难免被局限于一舰一艇，容易狭隘，这在战场上是没有什么好处的，而在最高指挥机关工作，对于培养年轻军官的大局观，是宝贵的锻炼机会；最后，和军队以外包括政府部门的各色人等打交道，要麻烦和复杂得多，这无疑全面锻炼和培养了邓尼茨待人接物和处理纷繁政务的能力。这些全面的锻炼、培养、磨砺为邓尼茨未来晋升高级将领打下了坚实的基础。

此后，邓尼茨重返一线部队，在波罗的海舰队司令冯·勒文费尔德海军中将的旗舰上担任了一年的航海长。1928年10月，邓尼茨晋升海军少校军衔，并被任命为第四鱼雷艇支队支队长。这个小舰队有4艘新型的鱼雷艇，艇员全是新配备的。接着就是历时两年的坚持不懈的训练、战术演习、火炮和鱼雷射击、舰队联合演习、人员的训练以及对航海和战术的指导等项工作的开展。对于邓尼茨日后所担任的舰队领导职务来说，恐怕再也没有什么能比当第四鱼雷艇支队支队长使他受益更多的了，因为这标志着邓尼茨由单舰（艇）指挥官向舰队指挥官过渡的开始。

1934年9月，邓尼茨晋升海军中校军衔并调任了"埃姆登"号巡洋舰的舰长，接着乘坐这艘军舰穿越大西洋，绕过非洲，进入印度洋，驶过斯里兰卡和印度南部，然后经地中海返航。把1919—1935年这段时期邓尼茨的任职特点进行概括，那就是：邓尼茨所担任的职务具有很大的全面性，几乎涉及当时德国海军的各级部门和各类舰艇。而且这一阶段，邓尼茨的任职在德国本土以外的时间居多。

提到"埃姆登"号巡洋舰的远航,这里还有关于邓尼茨本人和其家庭的一个有意思的小插曲,当1935年春,邓尼茨率领"埃姆登"号巡洋舰在斯里兰卡的特林科马利英国军港停泊了14天左右,在那里,他的军舰进行了鱼雷和火炮的射击演习。在这段时间内,邓尼茨与英国海军司令总督罗斯海军中将之间的私人关系得到了发展。在邓尼茨停泊港口的日子里,他每天到罗斯司令和他尊贵的夫人那里去做客,邓尼茨很喜欢他那刚毅而敏锐的气质。比如,这位海军司令在谈起英国对新加坡的政治前途的忧虑时,总是反复地对邓尼茨说:"我们需要一个希特勒!"当时希特勒的魔鬼性格的阴暗面还没有为事实所揭穿,世界上大部分人就是这样判断这个人的。其实,这位英国将军有这种想法一点都不奇怪,在二战前,人们对法西斯主义并不像后来那样深恶痛绝,因为其邪恶的本质并没有暴露,人们不可能对其有充分的认识。相反,经历了20世纪30年代大萧条的西方世界,有相当多的人认为法西斯主义可能是解决西方社会问题的合理途径。而且就希特勒和纳粹党而言,他们当时既是通过合法选举上台的执政党,又能够通过国民经济军事化来恢复被经济危机破坏的经济,还积极重整军备,重振德国的民族自尊心,这些在当时取得了一定效果的措施都在相当的程度上赢得了民众和军方的认可和支持,也使得希特勒和纳粹党在国外也有相当的一批拥趸者,有些甚至于是重量级的人物,像英国的温莎公爵(退位的原英王爱德华八世,就是著名的爱美人不爱江山的那位国王)夫妇。

就在他俩交往当中的一天,邓尼茨给罗斯司令看一封信,那是邓尼茨的两个儿子克劳斯和彼得写来的,他们当时是15岁和13岁。他们在信中说:"爸爸,如果你随'埃姆登'号在7月中旬到达威廉港的话,我们马上驾驶我们的小帆船到波罗的海去玩上五个星期，因为我们漫长的暑假正好在你到达的那时候开始了。"邓尼茨返回威廉港时，满足了孩子们的这个愿望。而且邓尼茨在威廉港的海军参谋部任职的最后几年中，总是把他的假期与孩子们的暑假安排在一起。在假期中，他们驾着威廉港游艇俱乐部的一只小小的但适用于航海的50平方米的帆船，顺雅得河而下，逆易北河而上，然后穿过基尔运河驶入波罗的海。孩子们使帆，但有时邓尼茨也让他们掌舵。他们经历了海上各种好坏天气，体验了怎样航海和入港，比如说，驶入丹麦群岛海峡的狭窄的航道。不仅是孩子们，就是邓尼茨自己也在每次帆航旅行中学习到不少东西。例如，船在十分狭窄的水面上转向时，如果正好刮大风，就不可把帆收得太小，因为船在转弯时一定要保持自身足够的速度，否则船很容易被大风推往下风而搁浅。或者：刮起大风时，如果船速与滔滔巨浪的速度相差相当大，船就能越过那些面向大海的浅水区（如雅得海湾的浅水区）。如果船速与水流速度相差不大，船就几乎肯定地要被惊涛骇浪所吞没。

　　有一次，刮起了七八级的西北大风，邓尼茨因急事必须赶回去，所以就驾着帆船，顶着大风，经过雅得海湾的浅水区，向威廉港驶去。邓尼茨只把前帆——一张很小的前帆，当作大帆用，这样就使帆船的船速减慢，而滔滔巨浪就带着它向前汹涌奔腾。结果他们就这样幸运地到达了威廉港。站在旁观者的角度也能够感觉到邓尼茨的航海技术果然不是浪得虚名。

　　邓尼茨自己回忆这段旅行："这样的帆航旅行对孩子们来说不仅在航海方面富有教育意义，而且使他们体验到，事实确如一句德国的老话所说的那样：'作为标准的不是语言，而是行动。'一个年轻人纵使能说会道，善于自我标榜、自我吹嘘，但是如果他在天气恶劣的情况下，在辽阔的海洋上，乘坐在一只需要费力操作的、前后左右剧烈颠簸的小船上，那么，马上就可看出，这个可怜的大言不惭者是否真像他曾在岸上神气活现地自我描绘的那样，是一条好汉。我的妻子在帆船上照料他们的饮食。尽管我的两个儿子不太赞成他们18岁的姐姐参加帆航旅行——照男孩们的看法，她只是为了躺在船面上把自己晒黑以便变得漂亮些——德国人的大男子主义也挺有市场的，但是大家还是喜欢这样在一起度过属于全家的夏日假期。主要是在这个时候，一家人才是真正不可分离了。因为当他们在海上时，谁要是有什么不满，只有跳出船外游水而走才能摆脱这种处境，而做这种抉择，看来也未见得有什么好处。"如此和谐美满的一家人在几年后的二战中就天各一方了，尤其是邓尼茨的两个儿子克劳斯和彼得先后战死沙场，父子们阴阳永隔，怎能不让人为之唏嘘。好在命运还不是对邓尼茨太残忍，他的女儿、女婿还有夫人都幸存到了战后，等1956年邓尼茨走出西柏林施潘道监狱的时候，一家人还是历经磨难，最终团圆了。而且他的女儿还为他添了两个外孙，也叫克劳斯和彼得，应该是为了纪念阵亡的两个弟弟的缘故，当他的外孙长大成人后，还按照他的意愿添加了邓尼茨的姓氏，使这一古老家族的姓氏能够得以传承。

在"埃姆登"号巡洋舰的归国途中，访问了西班牙的维哥，这是最后一个外国港口。1935年7月初，邓尼茨在那里接到上级通知，命令邓尼茨在当年秋天率领巡洋舰再度出国到印度尼西亚、日本、中国和澳大利亚去。

邓尼茨对这个安排非常满意。不久，在1935年7月中旬，他率领"埃姆登"号舰抵达威廉港。海军总司令雷德尔海军上将来到邓尼茨的舰上，却向邓尼茨宣布免去其"埃姆登"号舰舰长的职务而派邓尼茨去训练德国的新潜艇部队。为此，配备有3艘德国的首批作战潜艇的"韦迪根"潜艇支队将于1935年10月1日开始执行战备勤务。同时邓尼茨任"韦迪根"潜艇支队支队长，并于同时被晋升为海军上校军衔。

为什么会出现这种突然改变命令的情况呢？原来是因为1935年6月18日，《英德海军协定》缔结了。而按照原来《凡尔赛和约》的规定，德国是**严禁拥有潜艇**的。德国在《英德海军协定》中是可以拥有包括潜艇在内的所有海军武器装备的，德国承担的相应义务是：把海军装备的总吨位限制在英国的35%以内。

1919年5月27日，德国代表聆听法国总理克里蒙梭解释《凡尔赛和约》的内容

这种自愿的自我限制是出于当时德国所处的地位。在此之前德国不得不屈从于《凡尔赛和约》的规定。该和约使德国不断裁减军备，而战胜国却不履行和约中所承诺的裁减军备的条款。1933年，希特勒就任德国总理以后，想逐步挣脱这个束缚，于1935年3月16日宣布德国拥有国防主权。他为了使德国不会受到其他战胜国的反对，因此与英国就签订一项海军装备协定问题进行了谈判。他认为这样做可以消除英国将来在政治上的对立情绪，因为通过自愿限制海军装备这一协定可以证明，德国不打算进攻英国。事实证明，就当时情况来说，希特勒的做法是具有明显的实效性的，因为此举最大的意义在于解除了《凡尔赛和约》对德国的军备限制，德国可以公开地重整军备了，这是这个协定对于德国最大的好处。当然如果仅凭这个协定就能彻底打消英国对德国威胁的戒备，那也未免过于天真。英国的欧洲大陆均衡政策是其既定的基本国策，即不允许欧洲大陆之上任何一个国家强大到成为欧洲大陆霸主的地位。

那么英国在1935年接受希特勒的提议也是可以理解的。根据《英德海军协定》，德国舰艇的总吨位只许占英国的35%，每一种类型的水面舰艇也要受此约束。只有潜艇的吨位可以达到英国的45%，必要时经过友好协商还可提高到100%。

根据英国海军在1935年所拥有的舰艇吨位，按照协定允许德国建造的各种舰艇的吨位如下：战列舰（184000吨），重型巡洋舰（51000吨），轻型巡洋舰（67000吨），航空母舰（47000吨），驱逐舰（52000吨），潜艇（45%，24000吨），就这样的规模而言，德国海军就是全面达到了协定允许的上限，仍然不可能对英国皇家海军构成实质性的威胁，相反由于允许德国公开发展海军，对于一战胜利的法国就有了一定的牵制作用，使法国不能毫无顾忌地在欧洲大陆上一枝独秀，以至达到事实上对英国的威胁。当然这个协定事实上起到了为德国法西斯扩军备战大开方便之门的消极作用，这也就只能归咎于当时英国决策集团的自私与短视了。

对于重新组建一支德国潜艇部队而言，上述规定的潜艇吨位数还是具有重要意义的。但是也要看到，潜艇的吨位比例虽然高于海军其他舰种，但绝对数量仍然是最少的。这是不难理解的。由于英国是一个岛国，其生存主要靠从海上运进生活资料和原料。此外，通向殖民地的海上交通线对维持英帝国具有生死攸关的意义。因此，英国几百年来一直明确指出，保护海上交通线是英国海军的海上战略任务。这项任务只能由水面舰艇，而不是由潜艇担任。这是由于当时潜艇发展的技术水平制约造成的，可想而知，由于潜艇在水面极易受到伤害（如火炮的攻击），航速慢，观察高度低，视界小，它不适合担任上述任务。而且英国当时还没有实际旗鼓相当的对手，不需要在一场军事冲突中用大量的潜艇去破坏敌国的海上交通线，因而在英国海军中潜艇只起次要的作用，英国海军也就不需要有较大规模的潜艇部队。因此，英国潜艇在20世纪30年代发展缓慢，数量很少，仅相当于法国潜艇数量的三分之二左右（1939年英国拥有潜艇57艘，相反，法国却有78艘）。尽管德国的潜艇建造吨位可达英国的45%，甚至在必要的时候还可达到100%，而不是像其他的水面舰艇那样只达到35%，但从上面的吨位分配来看，实质上数量还是相当少的。所以英国的政治家们，在签订这样一份海军协定的时候，还是考虑到了英国利益最大化的原则,他们认为他们达到了这样的一种效果,就是在这份协定的保证下,德国海军是不大可能对英国皇家海军构成挑战的,也是不大可能对英国构成威胁的。然而令他们万万没有想到的是,潜艇却是一种特殊的战术进攻武器,几年后它就将证明忽视它的价值会付出多么惨重的代价。但是对于这种武器的价值,不仅当时的英国人认识的并不透彻,即便是多数的德国人,对这个问题也还没有多么充分的认识,因此,这些数量的潜艇在德国新组建的海军中也不能成为重要的因素。所以即便算是未来的潜艇掌门人邓尼茨自己,在接到任命的这一刻,也没有什么神圣的使命感和兴奋感,反而认为是被上级安排到一个次要的岗位上了,很有一种怀才不遇的郁闷感觉。其实邓尼茨当时并没有意识到,他和德国潜艇部队的不解之缘这个时候才真正开始,他注定要为这支部队呕心沥血,夜不能寐,而且他个人的一切都和这支部队紧紧地联系在一起了。以至于多年以后,邓尼茨自己是这样谈到1935年的这次任命的——"但后来的事实证明,我当时的看法错了。海军总司令在1935年7月下的命令对我漫长的生涯直至今日都具有决定性的意义。它给我带来了能充实人生的一切:责任感、成功、失败、人的忠诚和尊敬以及必要的考验和痛苦等。"那么邓尼茨在接受这一任命之后为德国的潜艇部队又做了哪些重要的事情呢?下面让我们来了解一下,从此时到1939年9月1日战争再度爆发这短短的4年时间里,邓尼茨是如何惨淡经营他手里的这支弱小的潜艇力量的。

当时新的潜艇部队的装备情况如下:由于1932年以来德国海军总司令部就着手准备建造潜艇,所以在1935年初与英国谈判之际,德国海军的潜艇已上了造船厂的平台。这是一批相当小的250吨级的潜艇。1935年9月底，其中6艘潜艇U-1至U-6号分配到"反潜学校"（后改为潜艇学校），归斯勒福格特海军中校指挥，他对学员进行了第一次技术训练和下潜训练。

1935年9月28日由另外3艘250吨级的潜艇（U-7、U-8、U-9）组成的第一支前线潜艇支队——"韦迪根"潜艇支队服役。在以后的几个月里，同一型号的另外9艘潜艇（U-10至U-18号）也陆续编入这一支队。当时，特德森海军中校是邓尼茨支队的机电业务长，邓尼茨和他彼此比较熟悉。在第一次世界大战中他是一艘潜艇的机电长，1921—1923年他任邓尼茨任艇长的"G-8"号鱼雷艇机电长，同样，选择各潜艇艇长和本支队的其他军官也是非常慎重的。他们都是军官中的佼佼者。

从1918年以来，在经过很长一段的潜艇空白期之后，邓尼茨一直没有得到上级有关训练第一支潜艇支队的任何命令、指示和原则。他的上级应该是也给不出现成的答案的，接近20年的断档期，对包括潜艇在内的德国海军所有的军舰的设计、建造、组织、训练等各方面都造成了非常可怕的延误，所以为了顺利地组建这支新的潜艇部队，邓尼茨把全部精力都用上了，对训练这个支队他逐渐有了一套自己的想法，并对部队提出了十分明确的原则性目标：

1.要使艇员们热爱和信赖他们的武器，教育他们要具有忘我的精神。只有具备这种精神，才能在艰难的情况下取得潜艇战的胜利。光有军事技能是不够的。首先必须消除艇员们由于英国继续研制反潜探测器（声呐）而经常产生的潜艇已过时的变态心理。（邓尼茨相信潜艇的战斗力。他也始终认为它是海战中出类拔萃的进攻武器和最佳的鱼雷携载工具。这就是大师和普通人眼光不一样的地方。）

2.尽可能按实战要求训练潜艇部队。要让潜艇在和平时期就体验到想象中的战时可能出现的每一种情况，而且要尽可能地细致、具体，以便使艇员在战时遇到任何情况都能处置自如。

3.规定潜艇要在600米的近距离上实施水面攻击或水下攻击。在这样近的距离上实施攻击，即使发射中出现误差，也几乎不会产生影响。近距离发射肯定能命中目标。即使被攻击的舰船已发现潜艇在发射鱼雷，但任何规避方法都来不及了。（因为1935年夏，潜艇学校曾要求那些年轻的艇员在水下发射鱼雷时必须与目标保持3000米的距离，否则会先被英国的声呐装置发现。这是受英国人所研制的声呐性能指标影响，其实这是理想状态的指标，连英国人自己都发现在遇到海水温度等状况变化的时候，声呐找不到目标是常事儿。邓尼茨在1935年9月底任"韦迪根"潜艇支队司令时便坚决反对上述观点。他认为声呐的可靠性并没有得到证实。无论如何他决不会由于英国的报道而立即退缩或丧失信心。以后的战争证明，他对潜艇部队下达的这个指标是正确的。）

4.潜艇是一种出色的鱼雷携载工具，即便在夜间实施水面攻击时也是如此。因为潜艇实际上只有指挥台露出水面，在夜间特别难以被发现（因为当时没有雷达）。因此，邓尼茨非常重视利用潜艇在夜间实施水面攻击，并尽量把鱼雷艇的战术原则和经验运用到潜艇上，凡能采用的他都用上（邓尼茨在鱼雷艇部队任职的收益）。

5.所有的工作都应在重点研究战术方面。在此需解决以下的新问题：

（1）在攻击某个预定目标时，必须能使用尽可能多的兵力，就是说要通过战术指挥和战术协同，集中多艘潜艇攻击预定目标。这种方法可用来对付每一个极有价值的单个目标，当然更适用于攻击集群目标，如一个舰艇编队或一支护航运输队。就是说，要用集群潜艇来对付集群目标。（"狼群战术"来了！）

（2）潜艇的观察高度低，即使在水面行驶速度也慢。因此在单位时间内潜艇观察范围较小，特别不适合执行战术侦察任务。所以，它需要适合担任侦察任务的作战工具与它进行战术协同。而飞机是担任侦察任务的最理想的工具。（邓尼茨没有注意到雷达的作用是他的遗憾，能注意到飞机的作用也算是不错了。）

但是关于上述两个问题邓尼茨一直未找到切实可行的解决办法，因为这些都不是他的权限范围内能够解决的问题。所以他麾下的潜艇一直只能盲目地单独行动。

从1935年10月1日起，"韦迪根"潜艇支队按照这些原则开始对潜艇和人员进行训练。而且邓尼茨还强调潜艇需要在尽可能辽阔的海域、在各种气象条件下进行较长时间的水面和水下训练。目的是使艇员完全习惯艇上生活，适应各方面的海上习惯，尤其要确保天文导航的准确可靠。

在训练中每一个项目都是认真、系统、有条不紊地进行的。一开始邓尼茨就明确地告诉艇员，下半年的训练将分成几个互相关联的阶段进行。

他们尤其要掌握各方面的基础知识。例如，在 1935 年 12 月进入第一个鱼雷发射阶段之前，每艘潜艇必须先完成 66 次水下攻击和同样次数的水面攻击训练。

按实战要求进行的训练包括以下几个方面的内容：潜艇在敌海域的行动；保持隐蔽性（艇长必须"感觉灵敏"，懂得什么时候在水面会被敌发现，什么时候不会被敌发现）；当发现飞机或舰艇时，指挥官应做出决断，什么时候必须下潜，什么时候可以浮在水面，尽量少用和正确使用潜望镜实施隐蔽攻击——在夜间时要充分利用背景、灯光、风、浪和本艇最小的侧影；掌握基本战术知识，例如，隐蔽地与目标保持接触，先敌占领有利阵位以及昼夜交替时的潜艇行动方式，脱离接触；敌采取反潜措施时潜艇的行动，如从水面或水下撤离，停在潜望深度进行观察，或者深潜隐蔽从水下高速脱离并突然改变方向，或者悄悄地溜走；在各种水深和尽可能接近实战的情况下掌握潜艇的操纵和下潜技术；紧急下潜时的防火炮射击等。

邓尼茨和特德森中校两人是新潜艇部队中仅有的经历过战争的军官。所以从 1935 年 10 月开始，他们在海上从一艘艇登上另一艘艇进行讲课。特德森负责讲授潜艇的航行操作和下潜技术，邓尼茨主要负责讲授潜艇在潜望深度和水面状态的攻击战术。通过系统而全面的训练和丰富的海上生活，艇员们感受到了训练的意义，它使艇员受到了激励并增长了知识，这一切都有力地推动了潜艇支队的工作。邓尼茨的工作方式是亲自指导，这样艇员们就很快地了解了邓尼茨。于是他们相互间取得了信任。在以后几年潜艇部队逐步壮大的过程中也是如此。"韦迪根"潜艇支队的第一年训练结束后，1936

年秋邓尼茨担任了潜艇部队司令。

一位当时曾在"韦迪根"潜艇支队担任过艇长的军官在1957年回忆第一训练年（1935—1936年）的训练情形时说："在这一年，艇员们训练紧张，要求他们尽最大努力掌握更多的知识。这一年他们获得的知识为进一步扩建潜艇部队、解决有关选择艇型、武器装备和训练方式等问题奠定了基础。"

"在以后的几年中，潜艇战术不断改进，日臻完善：在发现英国有可能采取敌对行动时，潜艇战术必须适应公海海域和护航编队的新情况。但基本原则一直未变。"

"1935—1936年这一年的训练最明显的效果是，使全体官兵从思想上消除了这样一种确实广为流行的观点：潜艇已经过时，在新研制的先进的反潜装备面前潜艇已无所作为。"

除了训练部队以外，邓尼茨还积极思考一战时期潜艇作战的经验教训，他指出："人们总希望有尽可能多的兵力参加战斗，并能有其他部队的援助，而不想孤军作战，这是最理所当然的要求之一。从远古时代起人类就懂得集中起来投入作战，或者在统一的领导下集合在一起作战。在第一次世界大战的海战中，尤其是潜艇没有遵循这个基本原则，它总是单独行动和孤军作战。当英国在第一次世界大战中采用了护航编队之后，潜艇战的这个致命弱点便暴露得更加明显了。德国在第一次世界大战中的潜艇战败于护航编队。"

因此，1935年当邓尼茨刚开始担任第一个潜艇支队的队长时，邓尼茨就清楚地认识到，潜艇协同作战的问题必须解决。

一位艇长谈到1935年9月底开始的"韦迪根"潜艇支队的战术训练时说："支队队长对发展潜艇战术提出了初步的设想。在集中兵力打击某一单个目标时，在指定的海域或作战区参战的潜艇有必要实施战术协同。"

"重要的是，发现和通报敌情，集中尽量多的潜艇对敌实施攻击。"

"于是，在1935年底产生了'狼群战术'，后来又逐步地加以完善。这个从产生到完善的过程经历了许多阶段。起初，我们在执行侦察和掩护任务时是采用鱼雷艇战术。这种战术是以配置侦察或巡逻幕开始的，最先发现敌舰的潜艇在通报敌情之后立即发动攻击，其余各艇再集中围攻。事实证明，这种方法只能对付速度较低的敌舰船。因此后来又在侦察和巡逻幕后面再配置一个或数个潜艇群来对付所发现的敌舰船，从而使上述战术更为完善。"

"在大量的训练和演习中，我们试用过各种各样的战术队形。最后采用了环形配置方式，敌舰一旦进入这个环形配置海区，第一艘发现敌舰的潜艇就与其保持接触，位于环形海区弧线上的其他潜艇则作为支援群投入战斗。训练中获得的所有认识不断写进战术条令中，因此这些条令篇幅不断扩大、内容经常修改。"

邓尼茨本人则于1946年9月在纽伦堡写道：

在潜艇协同作战的试验中遇到了大量的具体问题。主要包括以下几个方面的问题：

（1）指挥方面的问题。对潜艇的指挥能实施到何种程度？只是指挥到战术协同，还是也指挥到实施攻击？怎样才能把指挥与潜艇的独立行动最有效地结合起来？是否必须从海上（在一艘水面舰艇或潜艇上）实施指挥？在一艘潜艇上究竟能否实施指挥？为了指挥其他潜艇，指挥艇应在海上什么位置？能否完全或部分地从岸上实施指挥？是否还需要在海上设立下级指挥机关？怎样划分这两级指挥机关之间的指挥权限？

（2）通信方面的问题。当潜艇处于水面、潜望深度和全潜状态时，如何与其他潜艇、水面舰艇和岸上指挥所联络？为此，需要使用何种通信器材？应使用何种波段：短波、长波还是超长波？在昼夜各种海洋水文和气象条件下的通信距离应该多远？

潜艇的发报条件如何？指挥艇必须具备什么样的收发报能力？

另外还有无线电测向信号的收发和报告、下达命令和发报时密码的使用等一系列问题。

对上述问题的探讨和试验，使我们在改进收发报机方面遇到许多技术课题。

（3）战术方面的问题。协同作战时潜艇应如何行动？在开进途中，潜艇是集中航行，还是分散航行？应采用什么队形？潜艇在实施侦察时，或者在支援其他潜艇进行侦察时，或者由其他潜艇接替侦察时，采用什么样的配置和行动最理想？担负攻击任务的数个潜艇群应如何配置？是密集配置还是疏散配置？横向配置还是纵向配置？艇与艇、群与群之间的间隔距离是多少？如果完全疏散配置，那么是采用线式配置好，还是采用方形配置好呢？

为确保同敌人保持接触，需用多少潜艇？要不要、能不能为它们划分区域？潜艇与潜艇的交接班如何进行？与敌保持接触的潜艇何时实施攻击？以及其他许多问题。

通过这些文字材料,我们可以体会到邓尼茨对于研究德国潜艇部队的战术问题所倾注的心血,这些研究成果对于未来面对战争的德国潜艇指挥官们将会是无价之宝。

德国国防军在1937年秋举行的一次规模较大的"国防军演习"中,第一次采用了潜艇协同战术。邓尼茨在基尔乘坐一艘潜艇护卫舰,用无线电指挥东波罗的海的潜艇。这些潜艇的任务是在波莫瑞湾和东西普鲁士海岸以北的波罗的海公海海区搜索,跟踪和攻击敌方一支舰艇编队和护航运输队。在演习中,集结的潜艇十分成功地接近了敌编队。在北海进行的另外几次大规模演习之后,于1939年5月潜艇又在西班牙半岛和比斯开湾以西的大西洋上进行了"集群战术"演习。1939年7月邓尼茨在波罗的海为海军总司令举行了同样的潜艇演习。所有的演习都证明,集群战术的原则问题已经解决,具体细节问题也基本上清楚了。因此,到这时,集群战术问题总的来说是解决了。

对于能否从本土对遥远海区(如大西洋)的潜艇实施指挥的问题还不太清楚。对此,邓尼茨曾设想从海上实施指挥,并对专门为此配备有通信设备和设有参谋人员舱室的指挥艇寄予希望。但后来的战争证明,指挥必须而且只能在陆上实施。

实际上,早在1935年底就已拟定了第一个"集群战术"条令,以后不断加以修正。但到战时它才终于编入《潜艇艇长手册》。

那么,英国海军对德国1935年以来演练"集群战术"是如何反应的呢？

在1935—1939年那段和平时期，邓尼茨个人认为这样一种新战术是无法加以保密的，因为在演习时所有德国海军的潜艇编队都试验并采用了这种战术，已有数千人对这种战术有所了解。在1939年1月公开出版的邓尼茨的《潜艇部队》一书中，邓尼茨虽然没有谈到"集群战术"，却非常生动而有力地强调了潜艇在夜间实施水面攻击的优点。这实际上也不是什么秘密，因为早在第一次世界大战末期潜艇就已应用这种战术了。但是使邓尼茨感到非常惊讶的是，直到战争开始英国人对于潜艇实施水面攻击和采用集群战术毫无准备。直到1954年英国的罗斯基尔海军上校在其著作《第二次世界大战史：海上战争》第1卷中写道："上面已经谈到，在1940年6月到10月这几个月里德国各潜艇艇长是怎样取得巨大战果的。当敌人的潜艇数量不足时，邓尼茨除了让各艘潜艇独立行动，发挥各艇长的能力外，别无他法。但是，当邓尼茨海军上将拥有较多数量的潜艇时，他就能指挥多艘潜艇实施协同攻击。他早就希望改变潜艇战术，于是在1940年10月至1941年3月逐步推行了'狼群战术'。这种战术的改变出人意料，使我们猝不及防。"

接着罗斯基尔海军上校阐述了英国对"狼群战术"感到突然的原因。英国海军虽然在两次世界大战之间也曾进行过潜艇夜间水面攻击的训练，但一般以水下攻击为主。结果是英国海军便把"他们的力量和注意力仅集中在对付水下潜艇的攻击上"。英国海军发明了利用声呐探测潜艇的方法。这种方法能利用超声波测出水下潜艇的位置。英国人对这种方法寄予厚望。由于有了对付水下潜艇的有效方法，英国海军中的某些人在两次大战之间的那些年月里对潜艇的威胁采取视而不见、高枕无忧的态度，对潜艇的危险性估计不足。邓尼茨认为，除上述原因外，英国海军部在两次世界大战之间的基本思想方法起了主要作用。这种思想方法可从罗斯基尔上校的著作《第二次世界大战史：海上战争》中上看出来：

读者必然会问，为什么我们没有预料到敌人会使用狼群战术，如果我们再次回顾一下两次世界大战之间英国海军的训练和思想，就不难看出，英国海军的训练和思想都集中于水面舰艇之间的作战，就连商船的防卫也主要是从敌人实施水面舰艇攻击的角度来考虑的。1939 年 8 月第一海务大臣在参谋长委员会里当众断言：对我国商船的可能的威胁将来自敌方担负经济战任务的水面作战舰艇。此论断足以证明，战前这种观点对英国海军思想的影响有多深。

出现这种情况表明，对一个只受过水面作战训练和教育的海军军官来说，要他去理解并记住用潜艇进行另一种样式的海战的意义是何等困难。这是常人可以理解的，因为他是根据自己的战争观念来进行作战的。正因为如此，甚至连海军也对潜艇的重要性没有充分认识，或者认识太晚，英国海军就是如此，尽管德国潜艇在第一次世界大战中曾使英国陷入历史上最严重的危机之中。历史注定英国人要为自己的保守、固执以及傲慢缴纳昂贵的学费！

但是，让英国人能够感到庆幸的是，连德国海军的某些指挥机关和希特勒在第二次世界大战中也没有及时、充分地认识到潜艇的重要性，因此没有及时地在这方面投入必要的财力。这是在第二次世界大战中德国潜艇战的不幸。也可以看出邓尼茨的思想比他同时代的人要高出了多少。这也是他个人的不幸。

除了在战术问题上进行探索，并取得了明显的重要成果——狼群战术以外，邓尼茨还在自己的权限范围以内，尽可能地为潜艇部队官兵争取能够得到适应未来战争需要的潜艇。海军建造什么样的舰艇，除了受到国家整体战略形势、需要以及国家资源的制约，在具体选型等问题上，原则上是由总司令部决定的，但总司令部在做出最后决定之前往往还要征求前线军人的意见。

潜艇的建造更是如此。其原因是：一方面，德国海军中断潜艇建造已达17年之久，对有关潜艇建造的许多问题普遍感到陌生；另一方面，海军总司令本人很重视倾听前线潜艇指挥官们在这方面的意见。在潜艇建造问题上，邓尼茨是有着自己比较独到的看法的：

潜艇是一种很好的鱼雷携载工具，但却是蹩脚的火炮携载工具。由于其平台低，观察高度有限，因此不宜使用火炮。

潜艇特别适合于布雷，因为它能隐蔽地潜入敌沿岸水域和敌舰船航行最频繁的海区，能在没有引起敌人怀疑之前，就悄悄地返航。

潜艇的航速低于所有的水面舰艇，因此不宜与水面舰艇直接进行战术协同，此外，由于其观察高度太低，因此它是一种很差的侦察工具。

在考虑建造何种类型的潜艇时，还要补充说明下述人所共知的一种观点：潜艇只有在极特殊的情况下才会与潜艇作战。因此，在确定潜艇的大小和战斗力时，无须考虑这样一个对其他作战舰艇来说十分重要的问题，即潜在对手的同类型舰艇性能如何。所以，选择潜艇型号时可以不考虑其他国家海军潜艇的大小。潜艇的建造不应当出现像水面作战舰艇那种互相"荡秋千"的现象，这种现象是21世纪各国海军出于对敌国相应的作战武器的担忧而出现的。在某些国家的海军中曾出现过这种情况，他们致力于扩大各种类型作战舰艇的体积，认为这样能增强战斗力；结果使潜艇的建造也受到了这种思想的影响。然而这种做法是很错误的，因为潜艇的战斗力绝不会像其他作战舰艇那样随着体积的增大而增强。相反，潜艇超过了一定的体积，许多具有特殊作战能力的特性便会受到损害。潜艇从水面状态下潜到水下安全深度所需要的时间会更长，下潜机动会更加困难，潜艇大幅度前倾也会更加危险，因为较大的潜艇随着倾斜角度的逐渐加大，前倾的倾向也会加大。水下航行的情况也是如此，下潜的潜艇的整个操纵技术更加复杂，使负责下潜操纵的机电长更加没有把握。操纵一艘大型潜艇到潜望深度要比操纵一艘小型潜艇更加困难，因为艇体长，产生前倾和后倾时容易使艇冒出水面，特别在公海的风浪中处于潜望深度航行时更是如此。

另外，艇体越大，机动性和灵活性就越差：无论在水面或水下，潜艇的旋回圈越大，在旋转同样角度时所需要的时间也就越长。因此，在适应快速多变的战斗情况方面，大型潜艇同小型潜艇相比速度较慢、性能较差，这尤其对于夜间攻击来说是个突出的弱点。此外，艇体越大，侧影也就越大，夜间易被发现。

但另一方面，较大的潜艇所携载的武器、给养和燃料当然也较多，从而可增大活动半径和改善艇员的居住条件。这个观点很可能对某些主张扩大潜艇体积的海军是有利的。但这里必须注意，即使改善了居住条件，艇员的体力也不是无限制的，在通常情况下，艇员经过两个月的战斗巡航后就需要休息。因此，正是由于这一原因，一味地增大活动半径，意义不是太大。

上述这些考虑使选择艇型有了一个广泛的范围。我们从这些矛盾中寻找最佳的综合方案：一方面要考虑到潜艇下潜性能和技术操纵的方便、视野的开阔和战术机动能力，另一方面还要使活动半径尽量满足设想的作战需要。我们依据"黄金分割"法选择了500吨左右的潜艇，这是根据1922年华盛顿会议所规定的对各国普遍有效的标准排水量公式计算的，燃料储量不计在内。根据排水量，该艇约重700吨。

下述观点简单明了，但对潜艇的性能来说却特别重要。这个观点是：海上有若干个阵位，如果能各派一艘潜艇加以占领，那要比只能派一艘潜艇（哪怕是一艘很大的潜艇）占领其中的一个阵位，更有希望发现敌人和取得战果。这个观点是支持建造500吨左右的中型潜艇的。但对水面舰艇来说，这个简单的道理并非完全正确。当然，潜艇的侦察范围本来就很有限，即使是一艘较大的潜艇，其侦察范围也扩大不了多少。

在潜艇的总吨位受到条约限制的情况下，如何尽可能合理地分配有限的潜艇吨位，这个问题就显得特别重要。从这一点出发，建造4艘500吨的潜艇，而不是建造1艘2000吨的潜艇，对我们更加有利。

1935年夏，德国海军已建成或正在建造的潜艇有：

12艘II型潜艇：标准排水量约250吨，艇首装有3个鱼雷发射管，水面航速12~13节，活动半径3100海里。这是一种简单而实用的潜艇，但是太小。

2艘I型潜艇：排水量712吨，艇首装有4个、艇尾装有2个鱼雷发射管，水面航速17节，活动半径7900海里。这种型号并不理想，在快速下潜时前倾厉害，要有熟练的操纵技能。

10艘VII型潜艇：排水量约500吨，艇首装有4个、艇尾装有1个鱼雷发射管，水面航速16节，活动半径6200海里。这是一种性能良好的艇型。

1936年邓尼茨对潜艇建造问题提出了自己的看法，具体如下：

不再建造"韦迪根"潜艇支队所装备的II型（250吨）潜艇，因其战斗力（只有3个艇首鱼雷发射管，无艇尾鱼雷发射管）、活动半径（3100海里）和水面航速（12~13节）均太小。

I型潜艇由于下潜技术难以掌握，也不宜再造。保留VII型潜艇。这种型号是从第一次世界大战的B-3型发展而来的，B-3型潜艇是由两位优秀的潜艇设计师[一个是当时的建筑顾问许雷尔（船体建造），另一个是布勒金（机器制造）]研制的。根据"扎尔茨韦德尔"潜艇支队对这种潜艇所进行的非常认真的试验和获得的实践经验，很快就证明它是一种便于操纵、性能可靠的潜艇。

就VII型潜艇的大小而言，其作战能力已达到了最大限度：仅500吨（按华盛顿吨计算）的艇体能容纳4个艇首和1个艇尾鱼雷发射管、12~14枚鱼雷。下潜时间只需20秒，水下性能特佳，水面航速相当高（16节），而且操纵方便。该艇不足之处是储油量太少，只有67吨，因而活动半径也小（6200海里）。尽管如此，邓尼茨认为这种潜艇符合各方面的要求，是一种理想潜艇。只要稍微加大一些艇体，储油量就能明显提高，从而能使该艇有较大的活动半径。邓尼茨的机电长特德森提出了一个切实可行的建议：通过巧妙地利用该艇尚可利用的空间，将该艇的吨位再增加7吨（标准排水量），就可使储油量提高到108吨，活动半径可达到8700海里（VIIB型为517吨）。VIIB型从1939年1月开始变为VIIC型，该型艇体稍有增大，艇首和指挥塔有所改进。

在1936—1937年这段时间，新的集群战术（也称狼群战术）已逐步形成。它基本上是一种潜艇在水面的机动战术，即通过预定的战术配置使潜艇能够发现敌人，在水面与敌舰保持接触，并尽可能召唤其他潜艇前来实施协同攻击。这种战术主要是夜间在水面实施。灵活而快速的VII型潜艇对这种战术协同具有特别强的适应性。因此，邓尼茨在1937年春向海军总司令部提出下列建议：

应根据特德森关于增加储油量和适当加大艇体的建议，集中力量建造VII型潜艇，把《德英海军协定》所规定的潜艇吨位的3/4用于建造该型潜艇。

此外邓尼茨还建议，将剩余的1/4的吨位用于建造740吨的IX型潜艇，使其活动半径提高到12000~13000海里，以便能在远洋单独行动。

但是海军总司令部的有些人对邓尼茨的战术看法和潜艇的建造意见均不

以为然，他们从战术和战役的角度提出的反对理由是：总司令部中大多数人认为，潜艇在未来战争中仍将是单独行动和单独作战。邓尼茨发明的集群战术遭到海军总司令部权威部门的反对。这证明了真理经常掌握在少数人手里！也说明了传统的力量有的时候是多么强大！他们认为，这种战术在作战过程中必然会打破无线电静默，潜艇就会被敌人测出，从而暴露潜艇的位置。邓尼茨则持相反的意见，认为不管是否使用无线电通信都只能作为达到作战目的的手段而已。如果通过无线电通信能使潜艇部队在作战海区集中大量的潜艇，获得优势兵力，从而取得更大的对敌作战的胜利，那么会打破无线电静默这一缺点就得暂且容忍。

尽管邓尼茨提出了上述反对意见，但海军总司令部仍然认为：必须建造大型潜艇，如2000吨级的巡洋潜艇，这种潜艇活动半径大、鱼雷舱大，而且特别适合于水面炮战，因此应该优先加紧建造。此时邓尼茨毕竟只是一名海军上校，还是属于位卑言轻的中级军官，虽然他的意见能够上达高层，引起争论，但却不能形成定论，而这意味着未来德国海军的潜艇部队在战争中可能要付出血的代价和战争失败的风险。

由于对未来战争中潜艇的战斗类型、行动方式以及对建造何种最理想的潜艇等问题看法不一致，使得海军总司令雷德尔在1935年以后的那些和平年代中对潜艇建造问题未能明确表态，因而延缓了继续建造潜艇的工作。邓尼茨希望取得潜艇数量优势的希望也在渐渐失去。下面的潜艇建造数字可说明这一点。历年交付使用的潜艇数为：1935年14艘，1936年21艘，1937年1艘，1938年9艘，1939年18艘。

在1937年底、1938年和1939年，海军总司令部和潜艇部队司令之间在潜艇建造问题上的分歧日益尖锐。邓尼茨自己也和一些人的关系日趋紧张，同时他越来越感觉到，虽然签订了《英德海军协定》，但希特勒的领土扩张政策以及不断增长的德国军事力量必然会引起英国的敌对情绪。他决不相信，今天英国对德国的强大会心甘情愿，无动于衷。他富有远见地认为，不久将可能同英国发生战争。因此，邓尼茨迫不及待地再三向上级请求加速潜艇部队的建设。在潜艇支队进行训练时，他也按照自己的观点行事，开始尽可能在公海上，如有可能即在大西洋应用集群战术来打击敌护航运输队。1937年底，邓尼茨向上级提出，为进行上述训练，最好把"萨尔"号潜艇供应舰、若干艘500吨的潜艇以及U-25和U-26两艘Ⅰ型大型潜艇调到大西洋使用，但这项建议遭到拒绝，因为希特勒不愿意在西班牙内战期间"由于潜艇在大西洋的神秘活动"而节外生枝，加剧政治局势的紧张。希特勒从政治局势的角度考虑问题不能完全说没有道理，但是也能够看出邓尼茨是很具有战略眼光的。

在1937年，邓尼茨组织实施的军事演习表明，在辽阔的海域使用集群战术时，如果没有一艘装备特殊通信器材的指挥舰，是无法实施指挥的。当他要求一艘这样的指挥舰时，演习指挥部拒绝了他的要求，因为按照司令部的设想，潜艇在未来的战争中仍然是单独作战。直到最后由于海军总司令雷德尔的亲自过问才使邓尼茨要求得到一艘指挥舰"埃尔温·瓦斯纳"号的愿望得以实现。

参与西班牙内战的德国秃鹰军团

1938年,随着当时政治局势的紧张(德国吞并奥地利和制造意在吞并捷克的苏台德危机),战争似乎是已经迫在眉睫了,邓尼茨向海军总司令部提出了下述建议:

"在和平时期就把一个潜艇支队部署到国外海域,以便在此期间能施加军事战略影响,迟滞战争爆发。一旦战争爆发,潜艇便随时可以打击敌人的重要交通线。"

为达到这一目的,邓尼茨进一步建议:

1. 在潜艇部队实行一项为期3年的训练计划,第一年用于训练,第二年进行演习,第三年到海外活动。

2. 为此需配备2艘修理船,随同各潜艇支队及其供应船到海外活动。

当然,随着奥地利的并入德国,慕尼黑会议的召开,以及英法对纳粹德国的绥靖政策的进一步升级,德国的扩张要求得到了满足,政治局势在表面上缓解了,当然随即邓尼茨的建议就理所当然地没有下文了。

1938年9月，慕尼黑会议结束后，英国首相内维尔·张伯伦抵达英国赫斯顿机场，发表演说

1939年4月20日，德国马克Ⅱ型坦克开进捷克首都布拉格的瓦茨拉夫广场

1938—1939年冬季，在一次军事演习当中，邓尼茨和潜艇部队的其他人一起探讨了有关集群战术的许多问题，如在辽阔的大西洋上潜艇的指挥、配置、搜索、引导和对敌护航运输队的攻击等。演习双方不受任何约束：对护航运输队的指挥可在整个大西洋范围内实施，护航运输队的航线可自由选择。

这次演习取得如下的宝贵共识：

1. 如果敌人如邓尼茨所预料的那样采取了护航编队，那么德国潜艇部队在前线至少需要300艘潜艇，才能实施卓有成效的破交作战。这300艘潜艇中，100艘应在船厂检修和让艇员休息，100艘往返于战区的途中，另外100艘在战区作战。邓尼茨坚信，这样多的潜艇一定能取得破交作战的胜利。

2. 邓尼茨认为远离战区的潜艇部队指挥官缺乏"身临其境之感"，特别是对敌人的防御情况、当时的风向和天气等情况了解甚少。他的观点是，潜艇在搜索敌护航运输队时的战役和战术配置虽然总的来说必须由潜艇部队司令在本土指挥，但攻击护航运输队时的指挥权应交给一艘与敌保持一定距离的潜艇上的下级指挥官，这艘潜艇应尽可能保持在水面状态。为此邓尼茨要求给正在建造中的部分潜艇配备性能特别可靠的通信设备，以便让这些艇充当指挥艇。

3. 从现有潜艇的数量、允许建造的吨位数和最近几年的建造速度来看，潜艇"在破交作战中只能起到刺一刺敌人的作用而已"。

邓尼茨在向当时的舰队司令伯姆海军上将和海军总司令呈交的一份备忘录中汇报了这次军事演习的共识。舰队司令态度明朗，坚决支持邓尼茨的想法和要求。

而在1939年战争爆发时，任英国海军大臣的丘吉尔在其回忆录中写道：

我在9月4日晚上举行了海军部的第一次会议。由于这次会议的结论相当重要，我在凌晨就寝之前就用我自己的措辞记下了这次会议的决议，以便传达和执行：

1.在战争的最初阶段中，如日本仍保持缄默，意大利态度不明保持中立，那么敌人的主要袭击目标可能是大西洋上通向英国的航道。

2.护航编队必须建立。此护航编队专指反潜护航而言。所有关于对付巡洋舰和重型舰船的问题在此均未加讨论。

由此可见，德国从1937年起进行潜艇训练，是对形势做出了正确判断的结果。当时进行潜艇训练的目的，就是演练同护航运输队作战和要求建造大量的潜艇。这一事实在《第二次世界大战史：海上战争》（罗斯基尔著，第1卷）一书中得到了公正的评价："战前邓尼茨已经估计到，假如我们采用全球性护航编队的话，德国要取得决定性的胜利，将需要300艘潜艇。他至少对护航编队的作用没有估计错。"

来自于敌方阵营的记述，让后人真切地感受到邓尼茨的前瞻性意识和敏锐的战争思维，至少英国人应该有理由感到后怕和庆幸，如果邓尼茨不是一名海军上校、潜艇部队的司令，而是海军总司令或者更高的能够左右决策的位置，如果他能够丝毫不受限制和阻碍地推行自己的战略构想，那么英国人在战争爆发之时，将会面临多么可怕的形势！当然这一切都没有成为现实，那么人们不禁有兴趣知道，除了德国海军中传统的保守势力和思维，是否还有其他什么原因造成了邓尼茨的步履维艰、惨淡经营？以至于他壮志难酬、望洋兴叹。

原因确实是有的。这一点是邓尼茨自己后来逐渐明白的。他指出："我作为一名下级前线指挥官直到1939年夏才得知海军总司令部当时已制订了与我的意见不一致的计划……"作为一名校级军官，自己的计划再完美，再天衣无缝，如果和海军乃至于国家军备计划发生了分歧，那么结果将是可以预料的，所以作为一位受正统教育培养的德国海军军官，邓尼茨对此不会有什么怨言，只会去尽自己作为一名军人的职责而已。他所提到的计划，就是纳粹德国著名的十年造舰计划，代号Z计划，其来龙去脉是这样的：

1938年5月底，希特勒通知海军总司令雷德尔，应将英国列为可能之敌，尽管当时还没有直接与英国发生冲突。于是，海军总司令在1938年秋在海军总司令部成立了一个计划委员会，专门研究由于这个新的潜在之敌而产生的海军的任务及完成这些任务所需要的海战兵器。

计划委员会研究结果认为，破坏英国的商船运输是德国海军的战略任务。为完成这个任务，海军总司令向希特勒建议，建立一支具有强大战斗力的均衡舰队。这支舰队必须以战斗群的编队形式攻击大西洋公海上的英国航线，并以这个方式实施经济战，同时摧毁敌人的护航兵力。海军为组建这支舰队拟订了一个长期的造舰计划，也就是所谓的"Z"计划。按照这个计划，预计到1948年将建成下列舰艇：1. 50000吨级的战列舰，6艘（不含"俾斯麦"号和"提尔皮茨"号）；2. 20000吨级的装甲舰，8艘（后改为12艘）；3. 20000吨级的航空母舰，4艘；4. 大量的轻型巡洋舰；

5. 潜艇，233艘。1939年1月希特勒批准了上述计划，并要求在6年内完成。海军总司令指示，在执行该计划时优先建造战列舰和潜艇。预定的巡洋潜艇应于1943年建成。由此可见，"Z"计划的重点是建立一支水面舰艇部队。

邓尼茨对这个计划是不同意的，他认为"Z"计划存在以下缺点：

1.实现该计划至少需要6年时间。在这期间德国海军若与英国作战势必处于无装备状态，何况这段时期的政治局势又相当紧张。

2.如果我们着手建造大批的战列舰、巡洋舰和航空母舰，那毫无疑问敌人也会奋起直追。在随之而来的军备竞赛中我们肯定会处于劣势，特别是刚开始时我们服役的大型军舰还远远不到敌人的35%。

3.由于自第一次世界大战以来出现了空中威胁，在停泊港和修船港的德国战斗群易遭英国空军的攻击，而且距离很近无法躲避。对于潜艇，我们能建造钢筋水泥洞库来加以防护，而对于大型水面舰艇则不可能。相反，英国舰队却能疏散到英国北部海区，而使德国空军鞭长莫及。

4.该计划没有考虑到与英国相对的我国的地理位置。德国所要打击的英国生命线位于英国本岛以西的大西洋公海上。德国海军兵力要在这里发挥作用，就必须进入这些海区，并能在这里站得住脚。因此，在选择我方的海军兵力时要考虑它们是否完全符合上述先决条件，这是十分重要的。

可想而知，德国所处的地理位置十分不利于德国海军向大西洋海域推进。相对于英国的海上航线而言，我们可以说是处于后院。位于我国对面、依靠其天然地理位置控制着北海水域的就是英国。由于战时英吉利海峡难以通行，因此德国海军部队在经北海向设得兰-挪威海峡航行的过程中，从一开始就极易被敌人发现和遭到袭击。而且，当英国的飞机和海军轻型部队发现了德国舰艇的行踪时，即可在与其南北走向的岛屿平行的漫长的航线上，对德国舰艇进行轮番攻击。由于航空兵的发展，德国舰艇出海航行时的处境与第一次世界大战时期相比是每况愈下。只有在特别有利的条件下才有可能悄悄地进入大西洋。德国水面舰艇在大西洋公海上逗留和作战期间战斗力所受到的损失和限制必然比敌人更加严重，因为受损的德国舰艇必须冒着敌人的袭击危险通过漫长的航线经北海才能返回本国修理，而可供英国舰队使用的修理场所就在邻近大西洋战区的大不列颠的西海岸。

与英国相比，德国在地理方面所处的不利的海洋战略位置，早在第一次世界大战中就明显地暴露出来了。

以上的思路表明邓尼茨不仅是一个称职的潜艇部队司令，同时他也有着相当出色的战略眼光，对空中武器装备发展的趋势判断也是符合世界发展潮流的，所以他也进一步指出：

与英国相比，德国在海洋战略位置方面的短处对潜艇部队的影响并不大：

首先，由于潜艇能下潜，而且不易被发现，因此无须与敌水面舰艇交战就能通过北海驶往大西洋去打击英国的生命线。由于同样的原因，加上潜艇比水面舰艇具有更大的活动半径和续航力，即使敌水面舰艇控制了这个战略上很重要的海区，潜艇仍可长时间地在该海区活动。因此，暂且撇开潜艇作为进攻武器所具有的那些特别有利的特性不谈，仅根据上述这些因素，潜艇就是一种合适的海战兵器，它能够直接攻击英国的交通线和实现德国的海上战略目标。

邓尼茨的看法是相当具有前瞻性意义的，因为这就已经相当明确地把潜艇作为了一种可以实现国家战略目标的武器了。在邓尼茨的意识里，潜艇已经从战术武器上升到战略武器层面了。这在当时确实是极其难能可贵的。而且邓尼茨的战略眼光不是只注意潜艇，对于整体形势的判断，他也是相当敏感和准确的。

1939年，德国占领捷克斯洛伐克。4月26日希特勒废除《英德海军协定》。邓尼茨指出："从那时起，我们就应该清楚地看到，完成长期的'Z'造舰计划的首要条件——长时期的和平，已得不到可靠的保证。由于废除《海军协定》而造成的德英之间的紧张关系，使什么人都没有把握阻止由紧张局势转化为军事冲突。因此，从现在开始德国海军应该提出这样一个首要任务，就是通过建造潜艇来加速扩充军备。不言而喻，除了必须建造在大西洋上作战的进攻性兵器外，为了保证德国水域内各航道的安全和畅通，我们还要建造其他所有类型的舰艇，如驱逐舰、探雷艇、扫雷艇和破雷舰。"

1939年6月，邓尼茨向海军总司令雷德尔汇报说，他和他的军官们担心不久可能会同英国发生战争。请求总司令把他们的意见转告希特勒。而且进一步强调，在一场即将到来的对英战争中，潜艇部队将担负海战的重任。但因潜艇数量太少，潜艇部队只能对英国人"刺一下"而已。因此，海军总司令于1939年7月22日在施维诺威斯切向在"蟋蟀"号通报舰上集合的全体军官传达了希特勒的答复：他将设法决不同英国发生战争，因为这将意味着"德国的完蛋"，请全体潜艇军官尽管放心。尽管如此，邓尼茨的担心仍然没有完全消除。所以在海军总司令讲话后邓尼茨对军官们说："有一点我是坚信不疑的，无论何时爆发战争，英国必将站在敌人一边。对此你们思想上要有所准备！"后来的历史发展完全证明了邓尼茨判断的准确性，可见邓尼茨在他的那个时代里，完全可以算是德国海军军人当中的先知先觉者，这种战略战术上宝贵的敏感度和独到的眼光，已经开始表明邓尼茨已经实际具备了成为一名优秀的海军高级将领的素质。

猝不及防

（1939年9月3日，中午11时刚过，德国海军作战室）无线电讯队军官、时任海军上校梅克尔走进作战室递交了一份从船舰发报电波中截获的电报，上面写着"全德"的字样。战争就此开始了。海军元帅（指邓尼茨，时任德国海军潜艇部队司令，海军上校军衔）把电报拿在手里，在作战室的营房里踱来踱去，看上去完全陷入了沉思。他一遍又一遍地对我们，但更多的是对他自己说："我的上帝！这么说，又要和英国打仗了！"接着，他意识到，聚集在他司令部里的人都把目光注视着他。他快步走出作战室，"砰"的一声关上了房门。约莫过了半小时，他重又走了进来。当他重新踏进作战室的时候，他的神态发生了很大的变化。他异常冷静地讲了下面一些话："我们，面对着第一次世界大战时期的同一个敌人。但是我们有着有利之处，那就是我们从历时4年的战争中已经充分地认识了这个敌人；大家也都知道，我们拥有一种武器，这种武器我们本来是可以用来在第一次世界大战中战胜这个敌人的。依据这些经验，我们能够用新型的潜艇部队有效地攻击敌人，迫使敌人下跪。我们完全有理由相信我们自己和我们的武器。战争将是长期而十分艰巨的，我们正面临着严峻的考验。"

1939年9月1日，报纸海报宣布德国入侵波兰

上述场景源自德国海军作战参谋部作战处首席参谋厄尔恩海军少校本人向一位历史学家的讲述的。1939年9月3日，德国海军作战室里，邓尼茨获悉英国对德国宣战以后的反应。据少校回忆："战争一爆发，我就奉命从海军学院来到潜艇司令部并在那里担任了首席参谋的职务。除了有几次间断外，直到战争结束（最后一个职务是海军作战参谋部作战处首席参谋），我

始终没有离开过海军元帅的身边，我和他之间从当年以至今日一直保持着密切的联系。"

"无论在战争初期，还是在被丘吉尔看作是对英国最大危险的潜艇战的最激烈时刻，海军元帅从未低估过我们在这场战争中的艰巨性。这一点，我是毫不怀疑的。我有这样的印象：海军元帅认识到与英国这场海战的危险性和持久性，他从战争的第一天起就在各方面做了许多努力，期望我们年轻的海军军官一方面对长期和巨大的牺牲做好思想准备，另一方面要我们树立起必要的自信，完成他和我们一起承担的任务，把这场艰巨的战争引向胜利。他反复地向我们指出这场战争的规模和艰巨性，但同时却很少让我们看出他的忧虑。他把忧虑藏于内心深处，只有他身边极少的几个最亲近的人才偶尔可以隐约地觉察到他这种心思。我想，我也能算是其中之一。"

"宣战的当天有一段小小的见闻也许能对您说明我的观察：潜艇司令的司令部设在威廉港的一个指挥部里。英国的对德最后通牒期限是当天中午。我们获悉，英国表示公开的敌意所用的两个密码字是：'全德'和'德国意大利'。"

"海上的潜艇必须在最后通牒的期限终止前尚可支配的短短数小时内及时获得对方的密码字和命令。邓尼茨在海军作战部曾经多次叫人打电话。同时他自己也跟海耶、施尼温德和雷德尔通过话（这一点我记不大清楚了）。我们总是得到这样的回答：希特勒曾打算并将愿意在任何情况下都要避免与英国发生战争。"接下来便是本节开头发生的那一幕了。

如果我们来看看1939年第二次世界大战爆发之时，邓尼茨手中的潜艇部队的家底,就完全可以理解他为什么在下意识的一刻会是那样一种反应了。关于这个问题,邓尼茨本人是这样阐述的:"……我在8月28日的备忘录中还抱有这样的希望:在德国取消了原定8月25日对波兰的进攻之后,但愿战争暂时还不会爆发。但这个希望成了泡影,真是事与愿违。9月1日开始了对波兰的敌对行动。9月3日英、法对我国宣战。德国海军就像一个残缺不全的躯体,潜艇部队中做好战斗准备的潜艇总共只有46艘。这个数字在57艘现役潜艇中所占的百分比已相当高了。但这46艘潜艇中只有22艘能到大西洋作战。其余的是250吨的小型潜艇,因活动半径有限,只能在北海海域作战。这就意味着平均只有5~7艘潜艇能在大西洋与敌周旋。后来更为严重的是,有一次这个数字甚至下降到2艘。"邓尼茨作为潜艇作战的内行,完全清楚用22艘潜艇对实力上占有压倒性优势的英国皇家海军作战,这会是什么结果,这距离他心目中300艘作战潜艇的期望值差距不是一般的大。所以邓尼茨接着指出:"除此之外,还得估计到现有潜艇的数量还可能继续减少,因为新增加的潜艇毕竟弥补不了战争中的损失。在1936—1939年期间我们的潜艇建造都没有达到海军协定中所允许的吨位,现在只好自食其果了。我们只能利用仅有的56艘现役潜艇参战。假如我们从1935年开始就按占英国45%的吨位量建造潜艇的话,现在有能力到大西洋作战的潜艇就可能不少于16艘。据我们所知,现在的潜艇数量还没有达到低潮,最糟糕的是,低潮期还在后面……在一场战争中一个兵种的武器数量少到如此程度实在罕见。这样少的武器只能起到刺痛敌人的作用,而不可能使一个世界大国、第一流的海军强国求和。"

所以说邓尼茨的最初失态是作为一个正常人的正常反应，也包括对国家元首希特勒未能成功避免与英国交战的不理解与失望。但是，邓尼茨毕竟不是一个平庸的军人，他清楚他的失态对于整个作战室里的部属们在战争伊始会带来什么样的消极影响，因此邓尼茨才会走出作战室去竭力稳定和调整情绪，才会在30分钟后回到作战室，严肃而冷峻地面对部属说出了那一番激励和鼓舞士气的言辞。邓尼茨前后判若两人的神态变化绝对不是惺惺作态，那是一名经历过前线血战的军人再度走上战场之际的必然心理自我调整，那是以一种常人难以企及的强大的心理素质做基础的。中国有句古话：胸中风雷激荡而面若平湖者，乃为上将军也！应当是对邓尼茨此举的最准确诠释了。

如果说邓尼茨的迅速平复情绪且鼓舞士气彰显了未来将星的素质，那么他在开战之初对战争结局冷静而准确的判断，则显示出了一名未来海军统帅独到的战略眼光。关于这一点，邓尼茨是在9月4日，也就是英国对德国宣战的次日，对他下属的军官们是这样讲的："你们要十分认真地对待这场战争！你们要清醒地看到，战争将是长期的，可能要持续7年，如果战争以打成平局告终，我们就心满意足了。"在当时战争刚刚开始，就已经做出了如此准确的预测，实属不易。因为当时说这番话的背景是，1939年9月4日英国飞机就对威廉港的船闸和停泊在港内的军舰实施了第一次空袭。英国人在空袭中大胆地采用了低空战术，但没有取得明显的效果，邓尼茨和潜艇军官们在威廉港基地内的一艘潜艇供应舰上目睹了这次袭击。年轻的军官们为德国军队的防空成效而感到十分高兴。所以邓尼茨的观点使潜艇军官们深感惊讶，并给他们留下了深刻的印象，以至到战后还有人能记住邓尼茨当时所说的那些话。

在战争结束多年之后，我们再来看邓尼茨的这番话，不能不为这种在胜利后过人的冷静而折服。而在此之后，他将这番认识写进了9月4日这一天的日记中。在以后的战争岁月里，邓尼茨在不同的场合，对自己的部下多次提及这一真知灼见，甚至在法国投降，德国举国欢庆，部下唯恐赶不上最后的战斗而积极请战之际，他依然不失冷静地安抚部下和的同僚。我们来看看当时的历史片段：德法停战后不久，海军作战参谋部参谋长就催促邓尼茨把所有的教练潜艇从波罗的海调往前线，投入即将到来的对英作战的最后阶段中去。理由是今后再也不需要庞大的潜艇部队了，因而现在也不再需要在波罗的海的教练潜艇上培养今后所急需的前线潜艇人员了！邓尼茨拒绝了这个要求，并对海军作战参谋部参谋长说，对英作战还要持续几年，因此，现在看来，加速建设大批潜艇，来同英国进行这场长期的、决定性的战争，比以往任何时候都更为重要。多么深刻而冷静的领悟！双方对战争的理解水平，高下立判。

1940年夏天，邓尼茨去东普鲁士视察正在受训的青年潜艇军官，军官们对邓尼茨表示了自己的忧虑：战争看来马上就会结束，他们肯定不会再上前线了，肯定不能实现他们的希望，即在国内进行了长期训练之后可以上前线去一显身手了。邓尼茨对他们说："别着急！再过几个月，仗就够你们打的了。别忘了，我们是在和世界上最强大的海上强国作战。"

著名的潜艇艇长、海军中校京特·黑斯勒（邓尼茨的女婿）在战后写给一位历史学家的信中写道："在整个战争时期，邓尼茨有意地对外表现得特别积极，以保持其部队的士气。法国投降后不久，当时在德国人中间流行着战争马上就会结束的看法,这时他就已经告诉我:'不要那么急急忙忙地把您的潜艇开往前线,我们是在和世界上最强大的海上强国进行战争。第二个强国也会跟着来的,仗是够您打的。如果能打成个平局,我们就心满意足了,要打赢是根本不可能的。'他还对我说,他认为在现阶段要实现和平是不可能的。因为英国一旦决定投入战争,它就要把这场战争进行到底的。"

确实邓尼茨不愿意发生战争,或者准确地说他是不愿意在1939年9月3日,做自己一方没有准备好的情况下,被迫和实力远强于自己的对手进行战争。那么作为一位长期受到传统教育的德国现役军人,当他不得不走上战场的时候,他的真实想法又是什么呢——"我与所有较老的德国海军军官一样,在战争开始时就对这场战争的艰难性不抱任何幻想。我作为一个军人对此做出的唯一的反应就是全力以赴地做好我所应该做的一切工作,相信我们会赢得战争的胜利。任何其他的杂念对一名军人来说都是不允许的。在这种情况下谁要是不履行军人服从命令的天职,谁就会动摇军人品质的基础,从而危及国家的安全。"邓尼茨作为一名职业军人,当战争不是按照他自己的意愿降临的时候,还是为了自己的国家和民族,无论正义与否,义无反顾地走上了战场,并且恪尽职守,穷其心智地为了打好每一仗,为了使战争的结果尽可能地对德国有利,在长达6年的时间里,和所有的对手斗智斗勇,殚精竭虑。

邓尼茨对于战争形势的判断无疑是正确的,那么他的根据又是什么呢?当然首先是双方力量的对比,虽然邓尼茨认为潜艇的数量和型号并没有如他所愿准备妥当,但是实际上,在双方海军的参战力量中,只有潜艇和英国皇家海军的差距是最小的。1939年开战之时，英国皇家海军的实力是作战舰艇主要有战列舰12艘、战列巡洋舰3艘、航空母舰8艘、重巡洋舰15艘、轻巡洋舰49艘、驱逐舰119艘、护卫舰64艘、扫雷舰45艘、潜艇69艘，总吨位约130万吨。反观德国海军呢，作战舰艇主要有战列舰2艘、战列巡洋舰3艘、重巡洋舰2艘、轻巡洋舰6艘、驱逐舰22艘、护卫舰20艘，潜艇57艘，总吨位约35万吨。一看便知，双方根本就不在一个量级上。就算邓尼茨当时不是海军的高级将领，对双方海军的家底也还是能基本了解的，而这种了解是不会给他带来多少自信的。

其次就是邓尼茨基于开战后，围绕英国大西洋海上交通线双方作战情况的了解而做出的准确判断了。作为一线指挥官，邓尼茨比所有的人都更清楚，自己手里的潜艇力量究竟能对英国大西洋海上交通线构成多大的打击和损伤。尽管在战争爆发之前，邓尼茨已经对德国海军潜艇部队的任务想得很清楚了。他具体指出：

"我们的海军战略任务是以与敌人方面的条件相适应为前提的。英国是一个岛国，它的生存和国民的给养依赖于从海上输入的粮食。工业原料也同样必须进口。此外，在战争期间，一些军火工厂由于战争而扩大了规模，因而原料的进口也要相应增加，但是，各国的任何一种援助，不论是来自世界各地有关工厂的武器，还是来自盟国的增援部队，英国都只能从海上获得。其次，英国要在欧洲大陆上扩展力量，须取决于能否把部队及其装备从海上运往欧洲。因此，英国人民的生存，英国的经济和工业，以及英国同大陆的敌人进行战争，全都依赖于这种数量巨大的海上输入。所以，对英国来说，最重要的海战任务就是必须保护用于这种输入的载货商船。相应地来说，我们必须把对载货商船的进攻放在优先于其他一切战事的战略地位，因为我们在大陆上的胜败最终也得取决于能否消灭这些运输船只。我们击沉这些载货商船要愈快愈好，因为敌人无疑将试图添造商船以弥补损失。但是，这种添造也是需要时间的。鉴于英国建立和发展防御潜艇力量同样需要时间，我们也需要尽量加快速度击沉英国的商船。于是就形成了以发挥潜艇战的作用为一方、以取得防御潜艇力量的成效和添造商船为另一方的双方之间的一场竞赛。由于这一切原因，在战争开始时起尽快地建造潜艇是必要的。为了尽可能快地击沉尽可能多的商船，我规定了潜艇'经济使用的原则'，这就是：力求将潜艇派到最易击沉敌方商船的地方去，以及使每艘潜艇和每个出航日能达到最高击沉率。当然，来回航程的长度和距离在此是起着作用的。在潜艇司令的作战室里，这个击沉率连续地用图表显示出来，并且不断地研究分析它的种种原因。这就是潜艇随机应变地投入作战的一个基本观点。战争爆发后，我就是按照这些原则安排使用潜艇的。"

邓尼茨关于德国潜艇部队的作战思路，在敌方的阵营里是可以找到知音的，丘吉尔在他的回忆录《第二次世界大战回忆》第1卷中就战争的开端写道："显然，德国人将建造数以百计的潜艇，毫无疑问，为数可观的舰队正在船台上进入各种完成阶段。我们必须做这样的估计：在12个月至多18个月以内，一场真正的潜艇战必将发生。"由此可见，在迅速建造德国潜艇的必要性的看法上，丘吉尔具有同样的观点。尽管手里的力量不是那么尽如人意，邓尼茨还是根据这一战略，按照海军总司令部的要求，在战争全面爆发之前提前完成了战争部署，为德国尽力争取到了一点点先手，这也是邓尼茨具有一位战略指挥官的眼光和实力的表现。

关于德国海军潜艇部队的战前部署，其具体情况是这样的：1939年8月15日德国海军总司令向邓尼茨下达了潜艇部队的战争动员令，按照这道命令，邓尼茨提前结束了休假，于8月19日按时赶回军港基尔，和其他准时归队的潜艇司令部的高级军官以及各艇艇长在旗舰，也就是潜艇供应舰"海西特"号上召开作战会议，讨论潜艇部队的战争调动部署问题。从当时的情况来讲，虽然是备战波兰战役，但是波兰那点海军家底显然不是德国海军的对手，德国海军也犯不上为了打波兰而大搞战备动员，波罗的海舰队就足够收拾波兰海军的了。但是，包括所有人在内，都清楚一件事，那就是英国是波兰的盟友，德国海军惹得起波兰，却惹不起英国，虽然希特勒再三保证会避免和英国人的战争，但是能不能重演慕尼黑会议的有利局面，恐怕希特勒是做不了英国人的主的。起码邓尼茨没敢相信这个承诺。所以他按照司令部的意图，开始了针对英国人的战争部署。

截至作战会议召开的8月19日，德国海军中只有38艘潜艇基本做好了战斗准备。其中大中型潜艇20艘，小型潜艇18艘。这点力量对于英国海军实在是太渺小了一些。因此从一开完作战会议，德国海军的潜艇部队马上进入了战前的秘密部署行动。短短的4天时间，至24日夜，21艘潜艇进入待命状态。其中远洋潜艇3艘，小型潜艇18艘。至此，德国海军的潜艇部队在役的57艘潜艇中有34艘潜艇完成了部署。至28日，德国潜艇进入了预定的各个阵位，开始做好了对于英国的作战准备。

18艘潜艇在进入大西洋阵位的过程中为了避免被英国人发现而功亏一篑，所有潜艇都不经过英吉利海峡，而是舍近求远，绕行英伦三岛的最北边，而且在到达指定位置前要绝对保持无线电静默，且白天都要以潜航状态航行，这对潜艇官兵的体力和意志都是极大的考验，所幸的是所有潜艇都没有被英国人发现，全部顺利抵达预定阵位。其中6艘Ⅶ型潜艇沿英国大西洋海岸展开并呈半圆形队列进行巡逻；6艘ⅦB型潜艇沿英国的西、南海岸至比斯开湾一线展开；5艘Ⅸ型潜艇向南部署至伊比利亚半岛和直布罗陀海峡一带。另有一艘U-26号潜艇则肩负秘密使命——前往位于英吉利海峡的英国海军基地波特兰（Portland）进行布雷封锁行动。

前往北海作战区域的18艘潜艇无论从航程上还是危险程度上较之大西洋部署的潜艇确实要轻松一些，但是其任务也是同等的重要。其中5艘Ⅶ型潜艇担负前往英国、法国港口布雷封锁的任务，2艘Ⅶ型潜艇担负巡逻苏格兰北部海域的任务，剩下的10艘Ⅶ型潜艇加上U-36号潜艇担负北海的防御任务，它们组成了一条防线，随时侦察和阻击英国皇家海军可能发起的进攻行动。

英国人在这个部署过程中对德国人的行动毫无察觉，究其原因恐怕是既有绥靖麻痹的成分，但恐怕也有胜券在握轻敌托大的成分。1936年一些海军强国在伦敦签订了一项完全符合英国愿望的关于军事上使用潜艇的议定书。1930年的伦敦海军条约并非对所有签字国都有效，因为法国和意大利拒绝批准这一条约。因此，所有缔约者于1936年再次在伦敦集中，将1930年协定中有关潜艇战的第二十二条款以伦敦潜艇议定书的形式形成一个独立的条约。关于《潜水艇战争法规的议定书》（1936年11月6日订于伦敦）"第二十二条：以下规定应被接受作为国际法的确定法则：（一）潜水艇在对商船的行动中，必须遵守水面军舰所应遵守的国际法法规。（二）特别是，除经适当召唤仍坚持拒绝停驶或积极抗拒临检搜索外，军舰无论为水面船舰或潜水艇，不得在预先安置旅客、船员和船舶文书于安全地方以前，击沉商船或使其不能航行。就这一目的而言，船舶的小艇不得视为安全地方，除非在当时海上和气候情况下，由于接近陆地或者有另一船舶在场可以将他们带上该船，因此旅客和船员的安全已获保障。"根据这项议定书，潜艇要拦截和击沉商船时必须像水面舰艇那样在水面行驶。即使商船装备有"只用于自卫"的火炮，也不能改变这一规定。商船仍可按《国际法》的规定享受应有的保护。这就意味着潜艇必须按照"捕获法"浮出水面拦截和搜索商船。

如果根据"捕获法"的规定可以击沉这艘商船，那么潜艇就有责任考虑船上人员的安全。在远洋，由于商船上的救生艇数量不够，潜艇就须把船员安置到本艇上，但一般不可能这样做，那么就必须使商船上的人员尽量远离击沉地点。

1935年《英德海军协定》签署之后，1936年11月23日德国也同意了上面所提到的1936年签订的潜艇议定书。这个潜艇议定书完全可以看作是英国人出于自保的目的，明目张胆的用所谓的人道主义限制对手的反击手段，用道德绑架的手段欺负人的行径。因为英国水面舰艇的实力远远强于其他国家。同时英国作为一个非常依赖海外交通线的岛国，对以德国为代表所发动的潜艇绞杀战是记忆犹新、心有余悸的，所以想尽办法捆住对方的手脚，废对方的武功。如果按照"捕获法则"，潜艇最有力的武器——隐蔽性将荡然无存，其存在价值将大打折扣。而德国人同意英国人的要求，也是出于很现实的考虑，在当时德国不备有和英国正面对抗的实力的前提下，合法地拥有潜艇是利益的最大化，至于怎么使用潜艇那是下一轮才能考虑的问题，所以看起来英国人觉得自己的航线安全有保障了，拿着德国人签字画押的议定书心满意足地走了。德国人也很高兴，现在至少可以不用跟做贼似的偷偷摸摸地发展和研究潜艇了，至少可以没有什么人来纠缠、捣乱了，先解决有无问题比什么都重要。至于将来的事情，那是由元首来负责考虑的了，反正他们的元首还有一句大概英国人从来就没有真正听进去的大实话呢——"只有对我有用的条约才是有效的！"后来的历史充分证明了，希特勒这确实是一句大实话！

还要补充的是，英国人在第一次世界大战后多次公开发表了有关对付水下潜艇的新型探测器即声呐的报道，这种声呐装置利用超声波的作用能探测到几千米距离上的潜艇。因此，根据英国官方的观点，潜艇就成了一种过时的武器。英国人认为，其他国家已不值得再去建造潜艇了。其实，英国人对声呐性能是过于乐观和托大了，那个数据不过是理想化的实验室数据而已，当时的声呐可靠性非常低，性能也非常不稳定，而且在真实的海洋环境中，海水的温度、密度变化、水中的噪音变化等因素都会造成声呐丢失目标。当时对于海洋各种复杂水文条件的认识和研究还是非常不充分的，特别是在使用的过程中，把鲸鱼当成潜艇就有很多次了。这在和平条件下可以是个笑话，可是一旦到了真枪实弹的战场上，那就将是血淋淋的惨败。从上面可以看出，从第一次世界大战结束以来，特别是20世纪30年代以来，面对着战争的阴云再次笼罩着欧洲，英国人居然如此轻信和依赖性能如此不完善、不可靠，而且亟待改进的设备，我们不得不指出，眼看战争在即，英国人却在战略上绥靖，战术上和技术上傲慢、保守、托大，他们终将要在大西洋战场上为自己的轻敌付出惨重的代价。

在部署潜艇的过程中，邓尼茨在基尔晋见雷德尔海军元帅，向总司令急切地反映他的意见，他认为和英国的海战是不可避免的，同时催促总司令尽快停止Z计划，并尽快建造300艘潜艇，以尽快取得对英国大西洋航线的杀伤力。对邓尼茨的建议，雷德尔元帅表示感觉很好，并且授权他代表海军按照程序向德军统帅部书面呈交这一建议。通过这一情节，我们也能感觉到雷德尔对于扭转希特勒青睐的规模宏大的十年造舰计划的无奈和盲目地轻信希特勒关于不和英国开战的许诺。毕竟雷德尔这样一位传统的普鲁士军人和纳粹党的关系是处于一种不尴不尬的境地，想要扭转希特勒的决策，恐怕是势比登天还难！所以他才把这个难题推给了邓尼茨，可是这种做法使得德国潜艇在开战之时面临的尴尬而无奈的局面丝毫没有得到改变。

其实关于庞大的Z计划，还有一种未经证实的说法，雷德尔元帅之所以赞同，并不是因为他惧怕希特勒而违心地附和，而是他另有想法。雷德尔觉得以规模宏大的海上决战击败英国而夺取海权，对德国而言难度不是一般的大，因为德国毕竟是一个传统的陆军强国，海军是不可能超过陆军的地位的，再加上20世纪30年代兴起的空军以及它的"掌门"戈林元帅的那种骄横跋扈，更不是雷德尔能够应付得了的。如果指望以德国的国力对三军同等看待，那更是痴人说梦。所以雷德尔想以一个庞大的造舰计划逼迫英国人进行海军军备竞赛，德国的计划尽管非常庞大，那么英国想要取得优势就必须付出更大的代价，如果最终英国的国力最先支持不住而崩溃，德国就可以不战而屈人之兵，兵不血刃地获得最终的胜利了。

当然这个计划的完成必须要有长期的和平环境，以及德国经济对英国经济的优势等多方面条件的保证，即便不考虑条件之间的相互矛盾，单就这些条件，就已经超出了雷德尔的掌控范围了。更不用说当希特勒对波兰的军事行动一开始，和平环境就已经不复存在了。雷德尔只能尽力做好他权限以内的事情了。

1939年9月1日雷德尔下达了关于建造战舰的命令："撤销和平（建造）计划。（Z计划）新的建造计划相应地包括下列紧迫的任务：1. 建造新的潜艇，其型号按潜艇司令的建议。2. 继续建造五艘大型舰只：战列舰'俾斯麦'号和'提尔皮茨'号，巡洋舰'欧根亲王'号和'赛德利茨'号以及航空母舰'齐柏林'号。3. 建造新的驱逐舰、鱼雷艇、探雷艇和扫雷艇，以及控制沿海海路所必需的捕鱼船；此外还要建造快艇。"其后，雷德尔在1939年10月10日请求希特勒将这项紧迫的海军建造任务置于其他军备任务之前，并指出：为此还须尽快地提供必需的原料和劳动力。希特勒在同雷德尔的这次谈话中同意了海军的建造计划，但却没有同意雷德尔所要求的授予他紧急措置的全权。造成的结果之一就是海军分配到的用于装备的钢材还不到德国钢产量的5%，很自然的，潜艇建造并没有获得所要求的优先地位。

总而言之，到了1939年9月3日，英国对德国宣战之时，邓尼茨尽管竭尽全力地完成了所有潜艇的战备部署，但是他拿在手中，顶住大不列颠哽嗓咽喉的仍然不是一柄封喉的利剑，而只是一根锐利的钢针，那么这根号称只能刺痛英国人的钢针在大西洋之战中的实际表现究竟又是如何呢？下节开始我们详加叙述。

大开杀戒

1939年9月3日12时56分,德国统帅部向德国海军的所有舰艇和基地下达了作战命令:"马上开始对英国的军事行动。"根据这一命令,自此时此刻起,德国和英国完全进入了战争状态,第二次世界大战真正开始了,大西洋战场正式拉开了帷幕。

但是,还没有等邓尼茨麾下的"海狼"们扑向自己的猎物,14时,统帅部又一项命令下达:"潜艇破交作战暂时遵照OP命令。"这就等于是要求潜艇在作战当中务必要严格遵循《潜艇议定书》和"捕获法"。德国潜艇陷入了戴着镣铐跳舞的尴尬境地。这道补充命令显然是得到希特勒首肯后发出的。希特勒为什么要自缚手脚呢?其实希特勒此举是从政治角度出发,他是打算和英国和解的。但这只是一厢情愿而已,希特勒低估了英国对于德国的敌意和抵抗意志。希特勒希望慕尼黑会议的局面重演,那样可以让德国兵不血刃地得到波兰,也可以避免与英国开战,他怎么可能不知道两国海军力量巨大的差距呢。但是对于英国来说，面对着在欧洲大陆上自普法战争以来，一直呈咄咄逼人之势一家独大的德国，从来就没有放松过警惕性，所以才会在一战中联法制德，而一战后，面对法国的坐大，英国则以扶德抑法来解决。可是自希特勒执政以来，扩军备战，眼看德国已渐成尾大不掉之势，英国已经开始有所防范，所以当希特勒以入侵西欧将张伯伦内阁在政治上逼下台之时，他也就将英德两国的关系逼进了死胡同，双方已势同水火，断无和解之可能了。

除了与英国和解以外，希特勒约束潜艇部队的另一重考虑则是避免将美国逼到英国的阵营里。对于美国巨大的工业生产能力，希特勒是十分忌惮的，当初德国在一战中的失败与美国加入英国为首的协约国阵营是不无关系的，而当时美国参战的借口和旗号恰恰就是以"卢西坦尼亚"号客轮被潜艇击沉，造成美国公民丧生和由此反对德国的无限制潜艇战。所以权衡利弊，希特勒只能约束潜艇部队的行动。

而面对着这样的限制命令，邓尼茨作为潜艇战的内行，相当清楚执行命令会给部下带来何等的危险和伤害。军令难违，但是给部下们做一些澄清和解释还是可以和必要的。因此邓尼茨于当天 15 时 50 分以无线电通知所有潜艇，立即展开对英国的作战行动，不要等待对方首先攻击。这已经是当时他在自己的权限范围以内，能够为部下们尽的最大的努力了。

战争已经打响了，但是和英国人所担心的有所不同，"狼"虽然真的是来了，但却不是以令人望而生畏的狼群形式出现的，而是以孤狼游猎的模式出现，单艇执行破交作战和布雷任务。原因非常的简单：潜艇兵力太少了！无法编成集群作战。尽管开场是如此的窘迫，但是狼终究是狼，邓尼茨的"海狼"们很快就大开杀戒，对自己的猎物亮出了獠牙。虽然在这个开始阶段，德国潜艇由于兵力规模小，战果虽不显著，但是有一些战果也是可圈可点的，甚至是可以载入战史的。比较著名的有三次大的作战行动。

首当其冲的就是击沉"雅典娜"号客轮。这是德国潜艇部队名副其实的二战首枚战果，但是这个战果非但不能公开，而且简直就是邓尼茨、雷德尔、希特勒的一块心病。这个开场的锣声是足够响亮的，但是没有赢来任何喝彩。

1939年9月3日，即英国对德宣战的当天傍晚，一定要注意这个时间，非常关键。德军U-30号潜艇在赫布里底群岛以西海域以潜望镜深度巡航，艇长伦普上尉于中午时分就收到了英德两国开战的电文和命令，傍晚在潜望镜里发现了"雅典娜"号，随即跟上并进一步研判目标类型。"雅典娜"号是一艘13500吨级的定期往来英美之间的客轮，当时船上有1102名乘客和315名船员，这次的目的地是加拿大的魁北克和蒙特利尔。9月2日，"雅典娜"号从英国利物浦起航，船上都是逃往美洲的欧洲人。客轮从利物浦出发以后，走爱尔兰海，绕马恩岛，穿北海峡，沿北爱尔兰海岸走了一天，船上收到了英德开战的消息，这些乘客本以为自己已经逃出生天了，没想到正好赶上战争爆发，结果是一片惊恐。英国的库克船长立刻下达了一系列命令：值班人员加强瞭望，严密警戒德国潜艇；关闭航行灯，实行全船灯火管制；船只以之字形反潜航线前进。此外，还欣然接受了英国海军部的专业建议：改走一条船迹罕至的偏僻航线。

很不幸，"雅典娜"号被一心要建功立业、力拔头筹的伦普上尉发现并盯上了，上尉通过潜望镜观察，见其偏离正常商船航线，又实行灯火管制，还走反潜之字形航线，再加上判断外观也和改装武装商船相似，至此便认定是一艘英国的武装商船，随即决心将其击沉。仅仅5分钟的追踪，潜艇占据了有利的攻击阵位，并将距离从1456米拉近至1200米，就这样，9月3日晚19时40分，在1200米距离上，U-30向该船齐射3条鱼雷（一雷故障，卡在鱼雷管里；另外一雷打偏，未能命中），只有其中一条鱼雷命中轮机舱，猛烈的爆炸几乎将"雅典娜"号拦腰折断，船长立即命令发出SOS求救信号，并组织船上人员弃船逃生。

此时伦普下令浮出水面观察战果（结果被有些乘客看到了），才明白这是一艘没有武装的客轮，他知道自己违反了统帅部的命令，闯了大祸，立即指挥潜艇驶离现场。而且伦普上尉在此之后并没有向上级报告击沉客轮一事。直到9月30日，U-30返回基地，伦普上尉才向邓尼茨做了口头汇报，邓尼茨担心美国会以此为借口加入战争，狠批了伦普一顿，同时命令销毁航海日志，严格保密。

9月4日11时许，"雅典娜"号沉入海底，这是第二次世界大战中第一艘被击沉的船舶，船上有112人丧生，其中妇女儿童85人，28人是美国国籍。

"雅典娜"号沉没时85名无辜妇孺的丧生，激起了英美乃至世界舆论的一致谴责，但德国矢口否认，并声称这是英国故意炸沉的，目的就是为了栽赃德国，想将美国也拖入战争。由于伦普没有及时报告，雷德尔和邓尼茨是通过英美的广播了解这一事件经过的，他们在震惊之余想的是如何善后，他们在第一时间通过检查作战命令和部署情况，就已经迅速查明肇事者是U-30号潜艇艇长伦普上尉，情况上报最高统帅部以后，希特勒担心英国借此大做文章并将美国卷入战争，故下令否认事情真相。因此，即使有乘客看到了潜艇，因为缺乏有力证据，所以一时间，"雅典娜"号的沉没成为悬案。直到战争结束，U-30号潜艇的一名潜艇兵向纽伦堡国际法庭提供了证词，事件才真相大白。

"雅典娜"号事件发生后，为了避免类似事件的重演，德国高层对潜艇部队做出了更加严格的限制。根据邓尼茨回忆：潜艇部队在1939年9月4日接到了下述命令："根据领袖（这里指希特勒）的指示，目前在任何情况下都不要对客船采取敌对行动，即便它采用护航编队也罢。"由于这个命令，就使客船处于一种特殊的地位，因为按照《国际法》的规定，客船若采用护航编队航行，就可立即将它击沉。对所有法国的舰船，也指示要给予特殊的对待。1939年9月3日，潜艇部队接到命令："法国宣布从17点起它同德国处于战争状态。我方所有对敌行动，包括对敌商船的行动，暂时只能是防御性的。"1939年9月6日，潜艇部队接到了更为严厉的命令："德法之间的局势还没有明朗。我方的对敌行动，包括对付敌商船的行动，只能是防御性的，对发现的法国商船不要阻拦，严防与法国发生意外的冲突。"

邓尼茨对此无可奈何地进行了评价道：

"由于这些命令,任何一艘法国商船受到的待遇甚至比任何一艘中立国家的商船受到的待遇还要好;因为根据'捕获法'的规定,潜艇可对中立国家的商船进行拦截和搜查,在它运载禁运品的情况下可将其俘获,甚至击沉。根据1939年9月6日的这个命令,潜艇艇长在拦截每一艘商船之前必须确定该船不是法国商船,如果是法国船,他就无权进行拦截。这对他来说是十分困难的,往往是难以做到的,尤其是在夜间更是如此。

所有这些命令都严重地限制了潜艇的作战行动,同时对潜艇艇长在采取每一个行动之前的观察和判断能力提出了更高的要求,他们的责任更大了。此外,这意味着潜艇面临的危险性也更大了。为了能准确判断所发现的目标,潜艇在白天不得不较长时间使用潜望镜,这样就容易暴露自己。夜间,位于敌舰船附近危险区的潜艇为了识别目标经常延误攻击时间,甚至顾不上抓住最有利的战机,迅速采取行动来应付瞬息万变的情况。"

如果说"雅典娜"号被击沉是德国人无法说出口的胜利,那么击沉"勇敢"号航母,则是德国潜艇部队扬眉吐气的一仗。因为"雅典娜"号被击沉后,英国认为德国很可能已开始实施无限制潜艇战(其实"雅典娜"号被击沉纯属是双方反应过激的悲剧结果),为确保大西洋航线安全,英国海军出动航母执行反潜使命,"皇家方舟"号前往西北部海域,"勇敢"号和"竞技神"号则前往西南部海域。潜艇本身就是包括航空母舰在内的大型水面舰艇的克星，只是大部分德国人没有意识得那么清楚而已。英国人呢，则是被击沉德国U-39号潜艇的胜利所陶醉，完全没有重视"皇家方舟"号航空母舰反潜作战的漏洞。"皇家方舟"号能够逃过一劫，完全是运气超好的结果。经过是这样的：1939年9月14日，格拉特斯海军上尉率领U-39号潜艇在作战海区发现了"皇家方舟"号航空母舰，U-39号潜艇向航空母舰发射了3枚鱼雷，由于磁性引信失灵（这才刚刚是一系列磁性引信失灵事件的开始），鱼雷过早爆炸，伴随航空母舰的驱逐舰发现并击伤了潜艇。

英国"勇敢"号航母在执行任务

1939年9月17日黄昏，"勇敢"号航母由4艘驱逐舰掩护，在爱尔兰以西海域进行反潜巡逻。当接到发现德军潜艇攻击运输船的报告后，

"勇敢"号立即起飞舰载机,并抽调2艘驱逐舰前去搜索。不久,起飞作战的"剑鱼"鱼雷机被德军U-29号潜艇发现,艇长舒哈特上尉判断此处距离最近的海岸有300海里(555.6千米),远大于飞机的作战半径,那么附近一定有航空母舰。18时许,潜艇发现航空母舰,正是正在进行舰载机起降作业的"勇敢"号,U-29号潜艇试图接近攻击。但是潜艇处于水下潜航状态时航速只有8节,而航空母舰却达20节,双方航速差距太大。眼见追不上了,舒哈特上尉准备放弃之时,这艘22500吨级的航母减速准备接受返航的舰载机着舰,而且还鬼使神差地转向靠近了U-29号潜艇的方向,而更加令人难以置信的是,航空母舰仅剩的2艘驱逐舰居然还在此时此刻弃航空母舰于不顾,去援救被德国潜艇击伤的运输船了!英军的反潜漏洞终于在关键时刻暴露了!艇长舒哈特上尉当即下令攻击,该艇迅即突破英军的警戒圈,并迅速占领绝佳的攻击阵位,19时40分,距离2700米,以艇首鱼雷管向"勇敢"号发射了3条鱼雷,其中两雷全部命中,很快大火蔓延全舰,仅仅20分钟后,"勇敢"号就发生大爆炸而沉没,全舰1200名官兵中包括舰长琼斯海军上校在内的514人阵亡。U-29号随即遭到了英军驱逐舰长达4个小时的深水炸弹反击,一直熬到23时40分驱逐舰深水炸弹耗尽。但该艇没有受损,成功摆脱攻击安全返回。舒哈特上尉获一级铁十字勋章,全艇其他官兵获二级铁十字勋章。此战使邓尼茨和德国潜艇部队备受鼓舞,士气大振。而英国海军部则感到派遣如此贵重的航空母舰在这一海区执行警戒任务太冒险了,于是从大西洋撤回了所有的航空母舰。显然,这大大有利于德国潜艇继续对商船进行破交作战行动。

英国"勇敢"号航母被德国潜艇击沉

如果说击沉"勇敢"号航母的过程当中还多少有对手犯低级错误的运气成分,那么最能够彰显德国潜艇部队艺高人胆大的战例当属偷袭斯卡帕湾了。斯卡帕湾位于苏格兰东北部的奥克尼群岛,东临北海,西接大西洋,这一地点恰恰位于德国海上运输线出入北海的要冲,具有极其重要的战略意义。这里是英国海军本土舰队最重要的锚泊基地,英军在该基地布防相当严密。斯卡帕湾7个入口中,6个都有重兵把守,还布置有防潜网和水雷区;第7个入口柯克海峡,航道狭窄,水流湍急,暗礁密布,形成天然的障碍,基本难以通航,英军虽然没有派兵把守,但实际上,英军早在第一次世界大战中就在关键航道上凿沉了3艘旧船,以彻底堵塞航道。正和其他所有坚不可摧的要塞一样,斯卡帕湾戒备森严,尤其是对可能发生的潜艇攻击更是如此。第一次大战期间,厄姆斯曼指挥的 UB-116 号潜艇曾于 1918 年 10 月成功潜入斯卡帕湾，但由于触雷而沉没，所有艇员丧生。人们普遍认为，任何企图突破斯卡帕湾的尝试，都需要非凡的胆略和高超的技术。用邓尼茨的话来说，任何攻击者都"需要最为大胆与强烈的进取心"，因为他们所要面临的不仅是重兵防守的皇家海军，还有无法事先预知的强烈海流，它的力量足以使潜艇偏离预定航线而陷入危险境地。

虽然突入并袭击斯卡帕湾是九死一生之举，但一直以来邓尼茨还是想尝试让一艘德国潜艇再次潜入这一水域以给予英国皇家海军沉重一击，这样英国人在数年之内都将一蹶不振（建造一艘战列舰并将其列装需耗费 3~4 年时间），而且对于士气的影响是无法估量的。同时，斯卡帕湾海军基地也是德国海军的屈辱和伤心之地，一战后投降的德国公海舰队就是被扣押在此的，也是随着一声"彩虹"的暗语而自沉翻覆于此的。所以对于德国海军而言，杀进该基地的意义不仅仅是打击英国的主力舰队，也有一雪前耻的深层含义。德国海军情报部门为此做了大量的准备工作，并通过德国空军和部分出海巡逻的潜艇搜集到了关于斯卡帕湾的情报资料。1939 年 9 月 26 日，德国空军设法拍摄了一些该基地的清晰照片；同年 9 月在斯卡帕湾附近海域巡逻的 U-16 号潜艇也冒险靠近斯卡帕湾并带回了一些极有价值的报告。在针对上述情报仔细研究后，德国海军潜艇部队司令部得出结论：必须采取夜间攻击的方式，因为那时海底的水流较为缓慢。接下来的问题就是确定执行攻击任务的人选。邓尼茨的回忆录《十年与二十天》中，记录下了当年自己的心声：

"经过对照片的判读,我的结论如下:1.要突破霍克萨海峡的障碍是难以办到的,穿越什维萨海峡和克勒斯特罗姆海峡也无成功希望,因为那里也设置了障碍。2.霍尔姆海峡已被3艘沉船堵塞(2艘横在柯克海峡的航道中,另1艘在其北侧)。沉船以南直到兰伯·霍尔姆这一带水深7米,有一条宽17米的水道通向浅水区,在沉船以北还有一条狭窄水道。沿岸两旁无人居住,我认为趁落潮之时利用暗夜从水面突入是有可能的,主要困难在导航方面。我必须做一次尝试,我的选择倾向于海军上尉普里恩,他是U-47号艇的艇长。在我看来他完全具备执行任务所需的个人品质和专业技能,看上去再合适不过。我把所有的有关资料都递给了他,告诉他可以选择接受,或者放弃……要他在48小时之内做出决定。"

这一天是1939年10月1日,刚刚晋升为海军少将的邓尼茨(已于当年1月28日晋升海军准将)给了普里恩48小时研究作战计划并做决定。当晚普里恩将作战计划拿回家仔细研究到深夜。次日,他决定接受这次作战任务。攻击的日期被定在10月13日或14日夜间,此时的月亮是新月而且海流均较平缓,有利于潜艇隐蔽进入。

1939年10月8日,U-47号潜艇满载G-7e型电动鱼雷缓缓离开基尔港,在潜艇离港出发的时候,码头上甚至没有举行任何出海仪式。此次作战任务代号为"P行动",航线的制定是在高度机密的情况下完成的,然后由邓尼茨亲自口头汇报给海军司令雷德尔。潜艇沿着事先谨慎制定的航线经由威廉港驶往北海,在那里改航向往南并潜航以避免被水面船只发现自身的位置。途中，普里恩未向艇员透露任何关于这次作战任务的内容。航行过程中的大部分时间潜艇都在水下潜航，只在白天偶尔浮出海面。

10月12日晚，依靠声呐和盲目估算几乎在水下航行了一整天的U-47号浮出海面并开始修正航线。此时天气逐渐发生了变化，浓云和空中的细雨使得星光隐没不现，辨别航向和方位极为困难。根据海岸上发出的灯光，普里恩确信自己已经离奥克尼郡不远。事实上，潜艇当时的确已经到达位于距离奥克尼郡不到1.8海里（约3.3千米）的位置。普里恩的估计相当准确，其高超的航海经验毋庸置疑。艇上不明实情的艇员甚至问普里恩："我们是否要去拜访奥克尼郡？"得到的回答是："不，是斯卡帕湾。"凌晨4时，潜艇开始下潜，深度定在水下90米。形势已经变得明朗，作战任务也得以解密。普里恩告诉手下艇员次日的任务便是进入斯卡帕湾。由于接下来的几乎一整天必须在水下度过，普里恩命令所有人节省空气和用电，如无必要不许四处走动。接着照明便中断了，潜艇控制室的仪表、管道轻微渗漏的水滴和海水从四面挤压艇壳发出的声响成为艇内唯一的噪音。13日下午4时，全体艇员用餐完毕，桌椅器皿都整理完毕，艇员的铺位也都折叠起来。为了避免潜艇被俘，几名艇员在潜艇底部安装了炸药，海图和密码本也捆在炸药上面。每个人都检查了自己的救生衣，同时撕掉自己帽子上的舰队标识以避免可能被俘后暴露自己的身份。普里恩命令进行鱼雷装填，全艇灯火管制，人员各就各位，做好战斗准备，攻击行动即将开始。

傍晚7时，普里恩下令潜艇上浮。电动机开始全速运转，在水下30米的深度，声呐报告未侦听到海面传来的任何噪音。在上浮至15米深度时，普里恩命令升起潜望镜。经过观察，夜幕已经降临，海况良好。傍晚7时15分，普里恩下令浮出海面。于是启动柴油机。在接下来的4小时里，U-47号取320度航向随着海潮向赫姆海峡西北方向以半速缓慢前行。为了躲避海面过往的船只，潜艇时常潜入水中，同时还得与逐渐强烈的海流抗衡。进入斯卡帕湾的时间计算的有些偏差，有一股强大的海潮此时正流入斯卡帕湾。如同落入激流中的独木舟一般，U-47号勉强进入夜幕中的科克海峡。为避免被英国人察觉噪音而暴露目标，普里恩下令改用比较安静的电动机前进，为了防范潜艇攻击，宽度不到一公里的海峡内的水下密布着许多人为的沉船和其他水下障碍物。根据出发之前搜集到的情报显示，采用通过科克海峡的路线进入斯卡帕湾是极其困难的，几乎难以渗透进去。而此时的U-47号潜艇正是沿着这条航线向前航行。23时31分，潜艇开始进入斯卡帕湾。午夜0时27分（14日），普里恩在作战日志中写道：我们已经进入斯卡帕湾。

突然，潜艇前方出现了一艘船只巨大的黑影。普里恩命令潜艇缓慢靠近并仔细观察。根据船上烟囱、三角桅杆和炮塔的外形特征，普里恩判断出这应该是"皇家橡树"号战列舰。紧接着又发现了不远处的另一艘战舰，普里恩认为是"反击"号战列巡洋舰（实际上是排水量为6900吨的"飞马座"号水上飞机母舰）。前者的确是标准排水量为29000吨的英国皇家海军"皇家橡树"号战列舰。该舰装备有8门381毫米主炮，装甲厚度达330毫米，"皇家橡树"号原本也是要随同主力舰队一起出航的，但是天不遂人愿，由于出航时出了一点小故障因而暂时留在港内修理，准备转天一早再起锚出发。

午夜0时55分，U-47号取340度航向，借助夜色掩护，大胆地以水面航行状态逼近英舰，普里恩指示手下艇员将"皇家橡树"号列为首要攻击目标。在距离"皇家橡树"号不到3000码时，测定水深7米，普里恩下令鱼雷发射管注水并打开前盖准备进行水面发射。0时58分，普里恩下令艇首鱼雷发射管发射4枚鱼雷，3枚鱼雷成功入水并以30节的航速奔向目标，2枚射向"皇家橡树"号，1枚射向"飞马座"号，4号鱼雷管发射失败，雷未射出……

此时的"皇家橡树"号上几乎所有人都在熟睡之中。凌晨1时零2分，第1枚鱼雷命中舰首后发出的沉闷爆炸声并未引起舰上官兵的警惕，且发生的火灾很快被扑灭，大部分人在未觉察到异样后继续睡觉。没有人会想到是潜艇袭击，大家考虑的是事故所致。此时此刻在U-47号潜艇上，普里恩和艇员们认为击中了"反击"号，于是快速转向180度并瞄准"皇家橡树"号用艇尾的鱼雷发射管再次发射了鱼雷，但没有命中。通常在这种情况下一般的德军艇长该考虑立即撤退了，因为对方马上就会拉响警报展开搜索。但邓尼茨选对了人——普里恩命令潜艇再次转向并将艇首的鱼雷发射管迅速装填完毕，在1600码距离上，以3枚鱼雷再次瞄准"皇家橡树"号舰体舯部发射出去。

凌晨1点22分，所有3枚鱼雷全部准确命中目标并引爆，鱼雷的爆炸终于撕破了29000吨的英国皇家海军"皇家橡树"号战列舰的巨大舰体，海面上烈焰冲天、浓烟滚滚，该舰在10分钟后即告沉没，舰上包括英国皇家海军第二战列舰分舰队司令布拉格若夫海军少将在内的24名军官和809人丧生，只有375人生还。普里恩注视着"皇家橡树"号沉没，下令保持安静并迅速撤离。由于担心英国人的追击，普里恩没有进行救援。事实上此时根本没有追兵，英国人几乎没有意识到这艘德国潜艇的存在。但此时的海潮方向改变了，撤离斯卡帕湾变得困难重重。凌晨1时28分，潜艇沿着原路返回科克海峡。普里恩向艇员宣布战果：击沉一艘战列舰，重创另一艘。2时15分，U-47号重新进入北海水域，先在海底潜坐隐蔽，15日傍晚浮出水面并借夜色掩护返航，16日向基地发回攻击战报。

14日，英国人宣布斯卡帕湾遭袭。1939年10月14日的英国BBC新闻播报如下：这里是BBC本土广播。下面是最新播报。根据今天早间的报道，皇家海军舰队司令遗憾地宣布：英国皇家海军"皇家橡树"号战列舰被击沉，相信这是德国潜艇所为……英国政府同时宣布：入侵者——德国潜艇已被击沉——这显然是个笑话。在返航途中，U-47号的艇员在潜艇的指挥塔围壳上涂上了一头正在喘气的愤怒公牛——"斯卡帕公牛"徽章，这一图案来自他和其他艇员共有的一本漫画书，该徽章在后来成为普里恩的个人徽章和第七舰队的舰队徽章。

1939年10月17日上午11时44分，U-47号潜艇抵达德国威廉港。海军司令雷德尔与邓尼茨已经在码头上等候。艇员们登岸后，邓尼茨为所有人都亲自颁发了铁十字勋章，普里恩被授予一级铁十字勋章，在码头上，U-47号的艇员们得到了当地群众英雄般的欢迎，当天下午所有艇员都乘坐专机飞往柏林并得到了希特勒的亲自接见。次日希特勒亲自为普里恩佩戴上骑士十字勋章，并称赞这次奇袭斯卡帕湾作战行动的成功是"德国海军潜艇部队作战历史上最为引以为豪的战绩"。邓尼茨也不失时机地向希特勒提出扩大潜艇生产的建议。希特勒尽管仍存有疑虑，但最终还是答应了邓尼茨的要求。当天晚上，U-47全体艇员都与希特勒共进了晚餐。

尽管德军潜艇开战初期在大西洋上没有取得骄人的战绩，但击沉"勇敢"号和偷袭斯卡帕湾的胜利，使德军统帅部逐渐开始意识到了潜艇的巨大作用，逐渐开始重视潜艇部队的建设，并开始加紧潜艇的制造。事实上，由于德国决策层对潜艇战略价值的认识失误而造成的数量不足，甚至还有对潜艇使用方面的巨大失误造成的兵力部署不当（如1940年3月4日德国最高统帅部下达了禁止潜艇执行破交作战的命令，将其全部用于即将发起的挪威战役。德军投入挪威战役的潜艇达31艘，占其潜艇总数的65%，为此邓尼茨不仅从潜艇学校抽回了担负训练任务的潜艇，还缩短了2艘新下水潜艇的试航时间。除了少数几艘在进行检修的潜艇外，几乎尽数参战。潜艇部队被赋予的任务是侦察和掩护己方舰队的活动，简直是潜艇使用的极大误区，白白付出了4艘潜艇的损失），都给邓尼茨带来了很大的麻烦。尽管邓尼茨努力亡羊补牢地施展大杀招，也打出了上述击沉英国战舰的经典战例，但是这些胜利还都只是战术层面的，而从整体战略形势上看，至1940年6月，德军潜艇共击沉对手船只242艘，总吨位约85万吨。这些损失对英国而言，还是能够承受的，因为同一时期里新建造的船只吨位完全弥补了损失，而且英国的反潜战总体情况还不算坏，击沉了德军24艘潜艇，并将德军潜艇逐渐逐出近岸海域。

据此可知，在这一阶段的作战中，德国潜艇还没有能够在战略层面上对英国造成实质性损伤。而要想改变这一不利局面，恐怕还得依靠邓尼茨自己去殚精竭虑，运筹帷幄了……

战略棋手

上一节说到邓尼茨率领的德国潜艇部队大开杀戒，在1939年9月至1940年5月的第一阶段中，德军主要采取的是单艇作战，德军潜艇多以单艇在英国港口和近岸航线实施阵地伏击或机动伏击，或在护航运输船队可能航线或广阔海域实施游猎作战，取得了不小的战果：9月击沉41艘同盟国及中立国的船只，计15.3万吨；10月击沉27艘计13.5万吨；11月击沉21艘计5.2万吨；12月击沉25艘计8.1万吨（11月和12月战绩下降的原因是战争爆发后出击的潜艇陆续返回基地补充给养）。同盟国被潜艇击沉的船只占损失船只总数的51.7%。如果按照德国潜艇的参战兵力计算，这个战果已经是相当可观了，德国潜艇部队这枚小小的钢针已经能够成为邓尼茨将军手中伤人的利器。中国有句老话叫"飞花摘叶即可伤人"，由此看来，邓尼茨在潜艇作战方面的造诣已达上乘境界。

邓尼茨之所以在指挥德国潜艇作战方面能够应对有法，以弱击强，在于他对于潜艇作战的战略战术问题的深入思考。首先从战争一打响,他就尽一切可能加速德国潜艇的建造进度,我们来看下面这份出自邓尼茨之手的计划:

潜艇舰队司令部第 482 号密件:潜艇建造计划。

1.按照潜艇舰队司令部 1939 年 9 月 1 日第 172 号密件所规定的比例继续建造ⅦC 型和Ⅸ型潜艇。

2.不建造小型潜艇,因为此类潜艇基本上只能在本国水域内使用,而不能在近期内用之于在波罗的海可能发生的海战,在北海能否使用也是个问题。而ⅦC 型潜艇则既可在北海作战,同时也能作为大西洋(亚速尔群岛)舰艇使用。

3.继续完成已下达的 X-b 型潜艇的建造任务。在欧洲以外的水域里运用水雷是很有希望的(开普敦、西蒙斯敦、科伦坡、新加坡)。(关于后两个港口,见 6.潜艇供油船。)

4.继续建造Ⅺ型潜艇。它的主要作用在于在十分遥远的海域内发挥战略上的压力。使用火炮的可能性是很值得怀疑的。潜艇司令建议,此类潜艇应减少火炮装置,使之成为具有较大活动半径的快艇。这样,此类潜艇也能与鱼雷艇一起在大西洋上使用(在侦察从供应国——美国出航的护航队时,它比慢速潜艇较易于保持联系和恢复联系,并能把停泊在大西洋东部的鱼雷艇引导过来并投入战斗)。因而此类潜艇也可作为"潜艇舰队"使用。据此,建议定名为"远洋潜艇"。

5.由此,原定建造Ⅻ型潜艇(以前的潜艇舰队)属多余行为,此类潜艇在速度和活动半径方面是否能完全达到规定的要求颇成问题。XI型潜艇则肯定能达到这些要求。

6.建造三艘能运载两千吨左右燃料和给养的潜艇供油船，其速度可相应地降低，但供应潜艇的燃料和给养的储藏量要大。

综上所述，由此需要建造的潜艇有如下几类：（a）鱼雷艇、VIIC和IX型潜艇；（b）具有很大活动半径的远程鱼雷潜艇、XB型潜艇；（c）大型快速远洋潜艇；（d）潜艇供油船。

潜艇司令：邓尼茨（签字）
1939年9月8日于威廉港

前文已经提到，从进入战争的第一天，邓尼茨就非常清楚德国的潜艇部队兵力较之于对手微弱到一个什么程度。这种兵力规模不要说是完成对英国战略封锁的目标，即便是进行战术层面的打击与牵制都是非常吃力的。所以邓尼茨在自己权限所及的范围以内，尽可能地为改善德国潜艇的数量与质量而努力，因而也就有了上面我们所看到的那份日期为开战后的潜艇紧急建造计划。虽然急切地希望增加潜艇，特别是适合远洋作战的潜艇数量，但是邓尼茨的心里非常清楚一件事情，那就是以自己的地位，无论是在德国还是在海军，他都是只有建议权而没有决策权，潜艇本身在海军中也仍然是配角的地位。要想改变自己和潜艇部队在希特勒心中的分量，唯有通过辉煌的战绩才有可能。所以邓尼茨才挥动这根看似微不足道的钢针，通过不断地刺伤英国人，来尽快取得元首的认可。事实证明，通过普里恩等人创造的一系列辉煌战绩，虽然还不能够完全翻转局面，但也确实引起了希特勒的注意，他对潜艇建造计划的基本认可就是邓尼茨所取得的初步成果。

除了尽力在高层那里为潜艇部队争取更多的资源和重视以外，邓尼茨还以过人的冷静审视对手们，以便能够更及时地调整部署，采取有效的对策。从二战刚一爆发，邓尼茨就注意到了英国人在海上的动向，并判断出了对方的意图是要全力维护自己的海上交通线。邓尼茨回忆当时的情景写道：

a.英国人从濒陆海区向西直到大西洋，都部署了空中警戒力量。英国海军部在那里部署了航空母舰，利用舰载飞机来对付潜艇，以保护这一海域的安全。公海上的这种航空兵威胁，对应在水面执行经济战任务的潜艇来说，是很有害的。b.潜艇艇员们很快发现，商船是通过无线电装置发现潜艇的。当他们发现潜艇时，就发出'SSS'信号，并同时报告潜艇的位置。通常，信号发出后，英国的飞机或海上兵力就迫使潜艇下潜并放弃对商船的攻击。这种特殊的无线电信号（是SSS而不是SOS）的反复出现使我们确信，这种信号是根据英国海军部下达的某个合同命令而确定的，该命令把商船也编入了敌通信网，这种做法违反《伦敦议定书》中的规定，该规定禁止商船参与作战。不久，英国海军部在1938年下达的一些命令都落到了我们手中。c.1939年9月6日，U-38号潜艇在观察时被一艘商船发现，第一次遭到其火炮攻击。两周后，英国发表了一篇关于商船向一艘潜艇开炮并将它驱逐的报道，显而易见该报道是将这件事作为一个值得效法的例子而大加宣扬的。9月26日，英国海军大臣丘吉尔宣布，英国的商船装备了对付潜艇的武器。这样，他就公开证实了：到那时为止被我方发现的个别商船上的武器装备，只是意味着英国开始给所有的商船安装武器装备。[1939年10月1日，英国海军部通过无线电广播要求商船从侧面撞击德国的潜艇。（国际军事法庭档案，第1卷，第353页）] 就连中立国的商船也采取了上述措施。U-3号潜艇从北海报告了有关这方面的情况：夜晚明月高照，瑞典'冈'号商船被我截住。船长在船上。证件可疑。据称船上的36吨炸药是运给比利时国防部的。但商船的位置却在林纳斯内斯以南15海里、280度的航线上。我们正准备将其捕获时，商船突然急转舵高速向潜艇撞来，潜艇只能竭尽全力迅速避开商船的船首，尔后，根据'捕获'法将其击沉。（潜艇部队司令1939年10月3日战争日志）d. 一般来说，商船也像作战舰艇那样在夜间总是闭灯航行。对潜艇来说，要在夜间判断一个黑影是一艘辅助作战舰只还是一艘商船，是相当困难的。为了弄清真相，潜艇必须紧随那个黑影航行。如果潜艇不断使用莫尔斯灯或探照灯，势必会影响自身的战斗隐蔽性，甚至会在离商船最近的时候暴露潜艇的确切位置。如果那个黑影是一艘有武器装备的军舰，或者是故意给潜艇设下的一个圈套，那么潜艇就有可能被敌人的密集炮火击沉。

英国作为一个传统海洋强国，其百年来国运、国力与其海权息息相关，加之作为一个严重依赖海运的岛国，因而对海上交通线的重视程度从来都是怎么形容都不为过的。所以战争一旦爆发，其对于维护自身海上交通线安全的敏感程度与反应力度都远远超出了包括希特勒在内的大多数德国人的想象。1940年4月初，丘吉尔对斯卡格拉克海峡的英国潜艇下令，昼间对所有德国舰船、夜间对所有舰船均可不事先发出警告而实施攻击。这个命令规定的攻击目标范围大大超过了德军命令中规定的范围。从那时起，甚至夜间在这一海区开灯航行的中立国商船也被英国潜艇击沉。

相比之下，邓尼茨在这个问题上的认识就显得深刻、理智得多了。他了解到英国人违背条约的所作所为，然后逐级向上汇报反映至海军总司令雷德尔元帅乃至于希特勒本人，通过向最高统帅部施加影响来实现为潜艇作战真正地解除束缚。

德军潜艇作战真正地解除束缚大体的过程是这样的：随着一系列命令的下达，对潜艇战的一些限制性规定也逐渐减少了。最初下达了允许潜艇使用武器对付装有无线电设备、闭灯航行或有武器装备的商船的命令（1939年9月23日获许可以攻击命令停止航行但仍在使用无线电报警的船只；9月24日获准可以攻击法国船只），接着又下达了允许潜艇攻击每一艘已发现的敌舰船的命令（作为对英国下达的其商船应撞击德国潜艇这一命令所做出的反应）；直至后来宣布了作战区，开始只限于局部地区（9月30日可以攻击任何在北海航行的船只；10月2日从英法沿岸至西经15度海域航行的所有船只均可以予以攻击；10月17日获准攻击除客轮以外的任何敌方船只；10月19日从英法沿岸至西经20度海域航行的船只只要实行灯火管制均可予以攻击；11月17日终于取消所有限制，开始实施无任何限制的潜艇战），最终从1940年8月17日开始包括了英国周围的全部海区。在这些作战区，德国潜艇可以对任何舰船不事先发出警告而实施攻击。此时此刻，距离第二次世界大战爆发已经将近一年了,对德国人而言,宝贵的时间已经白白地溜走了。

邓尼茨的冷静不仅表现在二战刚刚爆发的阶段,即使在德国完胜法国之时,他也同样保持着一份难得的平静心态。根据邓尼茨本人回忆:

"1940年夏天,对法战争结束,这对德国人民、德国的政治领导和军事领导来说,当然发生了极大的心理影响。人们这样想:一个多么了不起的胜利啊!马上也要同英国实现和平了!一切都朝着有利于我们的方面发展,它比我们所想象的要快得多!——最后一点是正确的。例如,德国陆军参谋部的一些领导人在1938年就有过这种看法:'一场对法国的战争将意味着德国陆军要在马奇诺防线经历两年的浴血奋战。'在陆军总司令部,同样也在海军领导部门中,都有相同的看法,这种看法与德法停战后希特勒的期望,即我们马上也将同英国媾和,是相符合的。

但英国人民和英国首脑丘吉尔想的却完全是另一回事。在失去了仅有的作为盟国的法国——尽管这是不利的和痛苦的——之后,英国还有什么必要应当在政治上做出让步呢?大不列颠还在自己的手里,它在大西洋的生命线几乎还完好无损!如果英国现在接受德国的条件,它将丧失在世界上的政治威望,更重要的是,由此将使德国愈加强势地在欧洲稳固它的地位。如果在这个时候向敌方屈服,同样也是完全违背英国人民所具有的顽强而富于反抗精神以及未获全胜不甘罢休的民族特性的。

因此,英国政府于1940年6月18日声明,他们不论在什么情况下都要继续作战,这是完全符合英国人民的这种态度的。因此,我认为英国政府6

月 18 日的声明是慎重的,我们必须估计到同英国还要进行一场长期的战争。"

现在我们回过头来看这段回忆,不能不为这种胜利狂热中的冷静所折服,更重要的是邓尼茨对英国人从海上交通线到海权再到世界霸权的心态分析,是相当的准确的,可见邓尼茨的战略眼光是相当犀利和独到的。至于邓尼茨由此对潜艇部队的部下们所做出的那些充满睿智和冷静,旨在消弭狂热和自大的那些忠告,前文已叙,在此就不再赘述了。

邓尼茨的战略才华还体现在对德国潜艇部队独具匠心的安排部署方面。挪威战役结束后,一些潜艇急需检修,还有几艘潜艇作为训练潜艇配属给了潜艇学校,新下水的潜艇还需要试航和训练。德军能投入大西洋执行破交任务的只有 30 艘潜艇,每天真正战斗在大西洋最前线的潜艇不针对当前的实际情况,他超过 10 艘。邓尼茨只好将集群攻击战术暂时搁置起来,等待以后拥有足够数量潜艇时再实施。针对当前的实际情况,他提出了"经济使用原则",即尽量将潜艇派到英国护航力量最薄弱的海域,力求每艘潜艇都能达到最高击沉吨位。邓尼茨在威廉港潜艇部队指挥部的作战室里,将击沉情况用大幅图表显示出来,进行仔细研究分析,并据此来指挥潜艇作战。

德国不是大西洋的沿岸国而是一个大陆国家,它的海岸只是波罗的海的内海和北海的最东南部分。从战略和战术的角度来看,北海实际上也差不多相等于一个内海,英国在设得兰群岛的纬度上设置了大量的水雷,一下就封锁了从北海通往大西洋的出口,德国海军将无法冲出北海而威胁到英国的海上生命线。而从1940年6月开始，由于德国相继占领了挪威、法国，并迅速在这些大西洋沿岸国家建造了潜艇基地，这使得原先极其不利的海上态势顿时得到了极大的改观。特别是从位于比斯开湾的洛里昂、布勒斯特、圣纳泽尔、拉罗舍尔和波尔多等港口出发，潜艇可以直接进入大西洋，比从德国本土基地出发，航程足足缩短了800千米，连250吨级的小型潜艇也能进入大西洋，而大型潜艇更是能够到达大西洋中部海区活动，而且潜艇在消耗完所携带的弹药、燃料和物资后，也不再需要长途跋涉返回本土基地补给，可以就近驶往比斯开湾港口进行补给和检修。

邓尼茨对于这些基地的建设非常重视，亲自来到比斯开湾各港口监督建造工程，还将潜艇部队的指挥部前移至法国洛里昂。1940年7月开始随着潜艇供应船的服役，可以在海上对潜艇进行燃料、鱼雷和食品的补给，更是大大提高了潜艇的在航率和第一线活动的巡航时间。1940年7月前平均至少需要2.35艘潜艇才能保障1艘潜艇在海上战斗巡航，7月以后这一比率下降到1.84∶1，因此德军潜艇总数虽然从开战时的57艘减少到53艘，但在大西洋上执行战斗巡航的潜艇数量却增加了一倍，平均每天有10~15艘潜艇在海上活动。这些潜艇分散部署在不列颠群岛以西海域，一旦发现单独航行的敌方船只，立即予以攻击；如果发现护航运输船队则迅即向位于洛里昂的潜艇部队司令部报告，并尽量保持与船队的接触，随时报告船队新的航行、航速和位置，邓尼茨则会立即指挥在附近海域活动的潜艇向船队所在海域集结，然后于夜间开始集群攻击，天亮前结束攻击，再利用白天赶往下一个攻击阵位，入夜后再次组织攻击，这样连续一个夜晚接一个夜晚反复攻击，直至船队到达目的地。

邓尼茨不光是在战略态势、战略部署等宏观方面独具慧眼，在潜艇的战术配合等具体细节问题上，他也同样是匠心独具的。特别是对于他亲自开创的"狼群"战术，他一直都是亲力亲为地部署、试验，哪怕是条件不具备，也要努力付诸实施。战争爆发以后，邓尼茨还是按照战前的设想开始进行了集群作战的尝试性实验。

第一次是1939年10月中旬，出动6艘潜艇，结果其中1艘在英吉利海峡触雷沉没，2艘在攻击护航运输船队中被击沉。1939年11月中旬，邓尼茨再次出动4艘潜艇进行集群作战尝试，U-53号潜艇发现了KS-27护航运输船队，尽管多次遭到英军护航军舰和水上飞机的压制和驱赶，但仍一直保持着与船队的接触，并引导其他3艘潜艇赶来，但因种种原因没能达成集群攻击，潜艇只对掉队的船只进行了攻击。1940年2月，邓尼茨第三次组织集群作战的试验，派出5艘潜艇前往北大西洋，结果U-54号艇发现了法国的两支护航运输船队，但该集群中的另2艘潜艇由于距离太远无法及时赶到，第三次集群攻击的尝试又告失败。

这种情况一直到法国投降以后才得到了改变。由于德国空军的空中威胁，英国将从加拿大开来的护航运输船队的航线调整到了爱尔兰和苏格兰之间的北海峡。这样一来却导致了北海峡入口和苏格兰以西海域，经常拥挤着大量船只，成为德军潜艇最理想的狩猎海域。另外，英国海军因为在挪威战役和敦刻尔克大撤退中很多驱逐舰被击沉击伤，还要保留大量的驱逐舰以应付德军可能的入侵，所以英国护航军舰数量减少了很多，这给了德军潜艇绝佳的机会。而且德军潜艇经过数月作战已经积累了突破英军护航军舰警戒的丰富经验，同时得到德国空军和意大利潜艇的有力配合。

　　1940年7月中旬开始邓尼茨终于有了足够的潜艇开始实施被称作"狼群战术"的集群攻击战术。这一时期中无论单艇还是集群作战都取得了巨大的战果，1940年的夏秋季节，也就被称为德军潜艇的第一个"黄金时期"。6月德军潜艇击沉58艘，28.4万吨；7月击沉38艘，19.6万吨；8月击沉56艘，26.8万吨；9月击沉57艘，29.5万吨；10月击沉63艘，35.2万吨。英国的船只损失直线上升！从7月开始，英国从航线起始点两方向扩大护航范围，从英国开往加拿大和美国的运输船队，由英国海军护航军舰护送至西经17度，至10月又扩大为西经19度。但大西洋航线上中间一段是没有护航的，这一海域也是德军潜艇活动最活跃的地区。8月17日，希特勒下令对英国实施全面海上封锁，潜艇有权击沉任何进入封锁海域的船只，中立国船只只要进入封锁海域，同样是合法的攻击目标。这样潜艇部队被束缚的手脚彻底解放了，潜艇艇长们开始大显身手，积极投入到了"吨位竞赛"中，涌现了一大批名噪一时的王牌艇长，如U-47号艇长普里恩、U-99号艇长克雷奇默尔、U-100号艇长斯普克、U-46号艇长英多拉斯、U-101号艇长弗洛恩汉，尤其是前三位艇长被誉为"三大王牌"。

大西洋中,被纳粹 U 型潜艇集中的盟军船只

德国潜艇部队在这一"黄金时期"里,典型的有 9 月袭击英军 SC-2 护航运输队和 HX-72 护航运输船队,10 月 SC-7、HX-79 和 OB-229 战斗航运输船队的护航战。现将相关战史节选如下,以飨读者:

早在 8 月 30 日,德国海军代号为 B 机关的情报处密码科破译了英军关于 SC-2 运输船队航线和与护航军舰会合海域的密码电报,根据这一情报,德军调集 U-47、U-65、U-101 和 U-124 共 4 艘潜艇前往攻击。

9 月 6 日,U-65 发现了运输船队,但还没来得及报告船队位置就被英军护航军舰驱走了,直到午夜过后,U-65 号才再次发现船队并引导 U-47 前来。U-47 借助夜色掩护,采取水面攻击战术对船队连续实施攻击,一口气击沉了 3 艘运输船。

9 月 7 日白天,英军水上飞机和军舰竭尽全力将德军潜艇驱走,这才保障了当晚船队的安全。

9月8日夜间，U-47和U-65号潜艇再次成功突破了护航军舰的警戒，实施了攻击，U-47又取得了击沉1艘运输船的战绩。

9月9日凌晨，正在附近海域活动的U-28和U-99号潜艇也赶来加入到攻击的行列，U-28击沉了1艘运输船。天亮后，围攻船队的潜艇才被驱走。

此次护航战，英军护航舰依靠目视观察和声呐探测，无法及时准确发现德军潜艇，也就无法阻止德军潜艇对船队的夜间水面攻击，损失了5艘运输船，计2万余吨。

9月20日U-47发现了从加拿大开往英国的HX-72运输船队，该船队编有41艘运输船、1艘驱逐舰和4艘护卫舰。此时U-47只剩下一条鱼雷，无力采取攻击，只好一面跟踪船队一面召唤附近潜艇尽快赶来。天黑后首先赶到的U-99号对船队实施了攻击，击伤3艘运输船，其中1艘后终因伤势过重而沉没，其余2艘因伤掉队后被其他潜艇击沉。天亮前，U-48也进行了攻击，击沉了1艘运输船。

9月21日入夜后，U-100号潜艇突入船队中间，艇长斯普克充分发挥其高超的驾驶技术，连续对船队进行了长达4小时的攻击，一连击沉7艘运输船，护航军舰对其竟一筹莫展，毫无办法。

9月22日清晨，英军2艘驱逐舰赶来加强护航力量，并将正企图进行攻击的U-32号潜艇驱走，这才结束了船队噩梦般的航程。此次护航战中，德军潜艇尤其是U-100号表现出色，总共击沉了12艘运输船，计7.7万吨。

10月,德军集结在北海峡附近海域的潜艇多达10艘,积极展开破交作战。

10月17日凌晨,U-48号发现了从加拿大开往英国的SC-7船队,该船队由30艘运输船和5艘护卫舰组成,艇长布莱克劳特少校果断实施攻击,击沉了2艘运输船,并向潜艇司令部报告了船队的航速、航向、船只数量等情报。天亮后U-48被英军的水上飞机发现,水上飞机引导驱逐舰对潜艇所在海域进行了连续深水炸弹攻击,潜艇虽然没有遭到损伤,但被迫长时间潜航,与船队脱离接触。这让正忙于调兵遣将的邓尼茨心急如焚,好在U-38号及时赶到,紧紧咬住了船队,这才使邓尼茨能够迅速调集U-46、U-99、U-100、U-101和U-123号潜艇在船队航线前方组成了阻击线,张网以待。

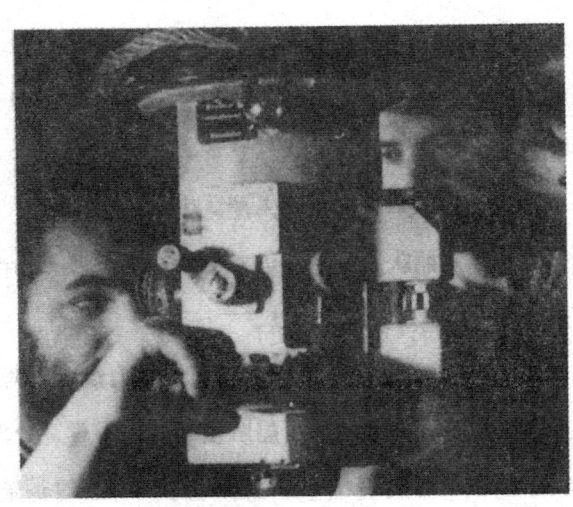

德国潜艇艇员娴熟地操作潜望镜观察海面上的敌情

17日晚U-38号首先发难，抢先发起攻击，击伤1艘运输船，但U-38很快就被护航军舰驱走。

18日黄昏后，船队闯入了潜艇阻击线，遭到了上述5艘潜艇的围攻，船队的队形被彻底打乱，德军潜艇乘机大开杀戒，击沉了19艘运输船，击伤5艘，其中U-99号战果最为辉煌，击沉6艘，击伤1艘。天亮后，U-99、U-101和U-123都用完了所携的全部鱼雷而返航。

19日夜间，另两支HX-79和OB-229护航船队也经过这一海域，同样遭到了德军潜艇的猛烈攻击，HX-79船队损失12艘船只，OB-229船队损失2艘船只，参战的潜艇大都在鱼雷用尽后陆续返航。

这三支护航运输船队总共有35艘商船被击沉，损失吨位达16万吨。

在1940年7月至10月间，德军潜艇的"黄金时代"里，德军以6艘潜艇的代价，击沉英国及中立国运输船217艘，总吨位达110万吨。

在1940年全年，德军潜艇共击沉471艘运输船，总吨位约218.6万吨，损失潜艇31艘。至此，邓尼茨将军（已经于1940年9月1日晋升海军中将军衔，仍任德国海军潜艇部队司令）麾下的海狼群才开始露出令人生畏的尖牙利爪，大西洋和其他海域上的潜艇和反潜舰艇之间的龙争虎斗才刚刚拉开了帷幕，真正的大戏还远远没有开始呢。

相关链接：

德国潜艇部队的鱼雷型号

第一次世界大战中，德国潜艇的威力给各个参战国都留下了深刻的印象，所以从大战之后，一直到二战爆发，海军大国，都在不遗余力地发展着潜艇。而潜艇的主战武器，就是鱼雷，所以对鱼雷的研究，也就被纳入了正题。对一战时期的触发鱼雷威力不足，不能满足潜艇作战的需要，所以研究新的鱼雷，也成了德国军工重要的一个项目。德国海军鱼雷的各种改进型号还是比较多的，它们的命名也是有规则的，德国鱼雷以其直径、长度和推进器命名，如果是改进型，通常都以"T"表示。直径："F"=450毫米，"G"=500或533毫米，"H"=600毫米，"J"=700毫米。长度：以最接近的米数计。推进方式："a"=蒸汽，"e"=电动，"u"=过氧化氢。例如，G7eTII型鱼雷即指该鱼雷直径为533毫米口径，约7米长，以电动机推进且为原型的第二种改型。

二战期间，潜艇多使用电动机推进的鱼雷，因为这种鱼雷噪音很小而且基本上不受干扰，并且航迹非常不明显。而水面舰艇则不采用电动鱼雷，种种迹象表明鱼雷入水时的冲击力会造成电池装置的破裂，故而多使用以萘烷（中文名：十氢化萘）而非煤油为燃料的蒸汽推进的鱼雷。二战期间人们对过氧化氢燃料做了大量研究，但采用这种燃料的鱼雷并未投入作战使用（过氧化氢不稳定，安全性差）。实际上，对德国鱼雷型号之间的区分主要来自于引信和导向装置的不同。但只有两种主要的型号在潜艇部队中得到使用——G7a

和G7e，这两种鱼雷都由第一次世界大战期间的鱼雷发展而来。其型号状况列举如下：

G7a（TI）型鱼雷的设计较为简单，采用蒸汽驱动单桨推进，最大航速为44节，射程6千米。这种鱼雷的最大缺陷就是在航行过程中产生的大量气泡形成的明显尾迹。

与G7a型鱼雷外观大致相同的G7e（TII）型鱼雷，动力装置改为一台100马力的电动机，鱼雷尾部安装两个反向旋转的螺旋桨进行推进。G7e鱼雷没有明显的尾迹，在以30节航速航行时射程为5千米。

G7e还有一种改进型（TIII），其蓄电池容量更大，使得鱼雷的射程提高到了7.5千米。

"FaT"是一种应用在G7a鱼雷上的设计，在当时是一种极为有效的对抗护航船队的措施，它使得鱼雷一改过去直航的方式，而是采用"S"形航迹航行，直到命中目标为止。这种导向方式要求鱼雷在护航船队的横向侧面发射以求最佳攻击效果。经过改进后的设计命名为FaTII，用于G7e鱼雷上。

"LuT"与FaT的概念类似，但并不要求潜艇必须获得理想的攻击阵位后才能实施攻击，而是在任意角度都可以发射鱼雷。

"TVb"基于G7e鱼雷设计，采用对敌船螺旋桨产生的声响进行探测实现导向。这种看起来十分先进的技术在当时毕竟还不成熟，在水文环境复杂的水域效果不太明显。但这种鱼雷仍然取得了一定战绩。这种鱼雷在24.5节航速下的射程为5.75千米。

"TXI"则是在TVb的基础上改进而来，其声响探测装置设计更为先进，探测器被预先设定为类似船只螺旋桨的频率下，以避免其他噪声产生干扰。这种鱼雷在针对护航船只的作战中十分有效，它允许潜艇由尾部鱼雷发射管发射声响鱼雷以攻击尾随在后的护航船只，并取得了一定战绩。

在专家们的努力研究之下，德国人想到了磁性引信的方式。当鱼雷发射后，定深器使鱼雷在敌舰的底部穿过，由于钢制的舰体，改变了周围的磁场，所以使鱼雷中的引信磁针发生了偏转，并启动引信，进而使鱼雷爆炸。根据物力上空气动力学的原理，爆炸所产生的冲击波，会抬高整个舰体，并在海中造成暂时性的空洞。而在舰只下落的过程中，舰体又会被四周涌来填补空洞的海水再次抬起，经过这样的反复，舰体将被折成两段，这个过程，只是按秒来计算的，非常迅速。由此，根据这种设想，磁性引信的鱼雷，无疑将会使潜艇的作战能力提升。但是，在二战中，鱼雷的表现，却不尽人意，在大西洋的海战史上，由于鱼雷出现的故障，而丧失掉了战机的例子，比比皆是。

U-47号潜艇和艇长普里恩及其战果"皇家橡树"号战列舰

U-47号潜艇是一艘排水量为750吨的VIIB型远洋潜艇，1937年2月在基尔造船厂下水，一年后进入德国海军服役。基本性能如下：排水量：水上753吨，水下857吨，长：66.5米，宽6.2米，吃水4.74米；5座533毫米鱼雷发射管呈艏4艉1布局，备用鱼雷14枚，装备1门88毫米甲板炮，指挥塔围壳后方装有20毫米防空炮1门。动力系统：柴油机×2，最大功率3200马力；电动机×2，最大功率750马力。续航力：水上8700海里/10节，水下90英里/4节。最大航速：水上17.9节，水下8节。乘员人数：44人。最大潜深150米。最快紧急下潜速度30秒。该型潜艇独特的艇体舯部鞍状水柜设计使得潜艇最大载油量可达108吨,这样在17节的高速航行时,航程仍然可以达到3850海里,这样的续航力性能使潜艇足以远航至英国甚至大西洋中部。

普里恩于1908年1月16日出生于德国图林根州,1931年加入德国海军,曾参加西班牙内战,率领U-26号潜艇在西班牙海岸巡航。1938年,出任U-47号潜艇艇长,1939年刚刚31岁的普里恩,9月在他的首次战斗巡逻中就取得击沉3艘敌舰、总吨位66000吨的战果,并因此于25日获得二级铁十字勋章。他作为在当时已是具有7年作战经验的艇长,而且具有高超的航海技术,因而被邓尼茨选中,执行突袭斯卡帕湾的任务并凯旋,10月荣获骑士十字勋章,并因此成了纳粹德国的国家英雄。1940年12月在骑士十字勋章上荣获橡叶饰。转年3月1日晋升海军少校。3月8日在率领U-47号潜艇再度执行破交任务之时,潜艇沉没于北大西洋冰岛以南海域(约北纬60度,西经19度),全艇无一生还。沉没原因至今不明。在普里恩的短暂一生中,其辉煌战绩诞生在U-47号潜艇上,共10次巡航任务,击沉各类舰船31艘,总吨位191918吨,击伤8艘,总吨位63282吨。

"皇家橡树"号战列舰属英国"君主"级战列舰,又称"R"级,1914年1月开工建造,1916年5月服役。舰长193.3米,舰宽27米,吃水8.7米,满载排水量33500吨;动力:4台帕森式蒸汽轮机,18座巴布科克-威尔考克斯或亚罗式燃油锅炉,功率40000马力,23节;载重油3400吨,续航力4200海里/10节。轴数:4;动力输出:40000马力;航速:23节;续航力:4200海里/10节。武器:8门MK.1型381毫米L/42主炮(双联×

4），8门MK.12型152毫米L/45副炮，8门102毫米高平两用炮。由于建造时英国财政不足，所以该舰比较强调火力，而装甲防护和速度等性能都平平。特别是作为一战末期建造的战列舰，经过了二十多年岁月的洗礼，其性能已经开始过时，尤其是速度已经大大落后于新锐战舰了，它根本无法承担追杀德国破交任务的水面舰艇。但是英国国王曾多次乘坐这艘战舰出访各国，舰上的一个舱室还摆放着英王坐过的宝座，墙壁上悬挂着历代英王的画像，所以"皇家橡树"号可谓是英国皇家海军的象征，所以该舰的罹难对于英国皇家海军的士气还是有一定的影响的。"皇家橡树"号共有5艘姊妹舰，只有"皇家橡树"号在二战中被击沉，其余4舰均服役至二战后退役拆毁。

英国的护航体制

英国护航运输船队体制，源自数学概率论的原理，也是数学家在战争中的一大贡献，根据概率论分析，商船在海上与潜艇相遇，是随机的，一定数量的船只，编队规模越小，批次就越多，批次一多，与潜艇遭遇的概率也就增加了；而且由于潜艇数量有限，每次与船队遭遇，因所携带弹药限制，只能攻击相同的商船，也就是说，船队规模越大，即使与潜艇遭遇，每艘船被击沉的概率就越小。以100艘船为例，如果编为5队，每艘船被击沉的概率为25%；如果编为1队，每艘船被击沉的概率为1%，足足相差24倍！

护航运输船队体制由英国海军部领导，所有船只编为运送物资的慢速运输船队（航速在7.5节以下）、运送物资的快速运输船队（航速在9~10节）和运送军队的运输船队三种，固定航线的护航运输船队，通常使用航线起始点的第一个英文字母为代号，如哈利法克斯开往英国的船队代号为 HX，各固定航线均有护航运输船队的航行日程表。

早期的护航运输船队通常由 40~60 艘船组成，排成 9 路或 12 路纵队，船与船之间距离约为 550 米，纵队之间间隔约为 900 米，形成正面宽 4~4.5 海里，侧翼宽 1.5~2 海里的长方形队形，这样一来可以减少运输船队侧翼遭到潜艇攻击的机会，二来可以避免队形过长，后尾船只忙于追赶前面船只，三来能减少船只相互碰撞的危险，而且这样的队形最有利于各船之间的目视通信。护航军舰以 4 艘配置于船队的四角，形成盒状警戒圈，其余军舰则位于船队正前方扇面。最初英军使用战列舰或巡洋舰担任护航军舰，当德军水面舰只的威胁消除后，便不再使用战列舰或巡洋舰护航了，因为在潜艇威胁面前，使用宝贵的战列舰或巡洋舰为运输船护航有些得不偿失。

有些人对护航船队体制持否定态度，认为大批船只在装完货物或卸完货物后，必须停留在港口，等待与其他船只编成护航船队，这样既浪费了时间，又减低了船舶运载量。但事实胜于雄辩，护航运输船队体制的实行，大大降低了船只的损失，在战争爆发后的 4 个月中，编入护航运输船队的 5756 艘船只中，只有 12 艘被击沉，而且这 12 艘中还有 5 艘是在掉队的情况下被击沉的。而同一时间里单独航行的船只有 102 艘被击沉。

中篇

展雄才 大洋"狼王"卷巨澜

战争中唯一让我真正害怕的是德国海军的潜艇！它不是以激烈的战争和显赫的战果形式出现，而是通过数字、图表证明自身的价值和作用。我们的海上交通线横跨辽阔的大西洋，就我个人来说，大西洋上的作战，要比英国本土的空战决战更令人担心。……对于我们来说，德国潜艇的攻击是最具毁灭性的灾难！

——英国战时内阁首相温斯顿·丘吉尔

强敌联手

在刚刚过去的 1940 年 7 月至 10 月间——德军潜艇部队的第一个"快乐时光"里，德军以损失 6 艘潜艇的代价，击沉英国及中立国运输船 217 艘，总吨位达 110 万吨。此时此刻欧洲的形势异常严峻，西欧大陆已经完全落入德国之手，英国处于孤军奋战的境地，皇家海军对付德国潜艇越发地棘手和力不从心。

面对如此窘境，英国首相丘吉尔只得向美国总统罗斯福求援，作为回应，8 月罗斯福总统秘密派遣以葛莱姆上将为团长的军事代表团前往英国，与英国进行会谈，并制订美国一旦参战后在大西洋与英国海军合作的计划，英国还将一年来在海战中所取得经验和情报，以及雷达等先进技术无偿提供给美国。在此会谈基础上，美英参谋长于 1941 年 1 月至 3 月在华盛顿举行了秘密谈判，签订了"ABC-1"协定，协定中规定不论美国是否参战都将担负起在北大西洋护航的主要责任。同时经多次磋商，1940 年 9 月 2 日美英达成协议，英国将其在巴哈马群岛、牙买加群岛、安提瓜岛、圣卢西亚岛、特立尼达岛和英属圭亚那等地的海空军基地 99 年的使用权，同时将纽芬兰的阿根夏和百慕大群岛基地无偿提供给美国使用，换取美国 50 艘超龄服役的旧驱逐舰。这些对邓尼茨而言，绝对不算是令人愉悦的消息，因为这意味着他的潜艇部队很快就要在没有彻底扼杀英国人之前，被迫同时面对另一个强大的对手——美国了。

其实美国人的真正介入比这个时间还要更早。1939 年 9 月 5 日罗斯福就发布命令，沿美洲大陆海岸设立中立安全海区，由美军大西洋舰队组织对中立海区的巡逻和为航行船只提供护航，同时宣布将驱逐中立海区里参战双方的作战舰艇。这项命令表面上看起来是美国为了避战自保，为什么这么说呢？因为美国所划定的中立安全海区是在其领海范围 3 海里之外的公海之上，那是美国人声称要保障各国自由航行权的地方，该区域沿着美国的领海一直向东延伸几百海里。实际上，声称严守中立的美国海军从战争一开始就将在该海区航行的德国商船位置通报给英国海军，并且相当认真地驱逐了德国海军的作战舰艇，至于美国海军是不是真的驱逐了中立海区里参战的英国作战舰艇，那就只有美国人自己清楚了。其实美国是要通过这种手段，掩盖自己暗中向英国施以援手的事实，美国政府的做法已经把美国从中立国向交战国大大推进了一步。

1941 年 4 月 18 日美国进一步宣布将美国海军承担护航的安全海域从西经 60 度扩大到西经 26 度。这在地理上是一个什么概念呢？该区域距美国沿岸（纽约）2300 海里，距欧洲（里斯本）仅 740 海里。这样一来西半球大西洋的五分之四海区被宣布为美国安全区。从那时起，美国海军就密切监视着德国海军，并把德国舰艇的位置迅速通报给英国，以便英国对德国舰艇发动攻击。同时美国海军作战部开始制订护航计划，并承担从纽芬兰的阿金夏至冰岛海域护航使命。

到了 1941 年 7 月 7 日，美国接受了英国提出的"保护冰岛"的要求。在莫里森著的《大西洋战役》一书中，作者谈到接受"保护"冰岛的任务时写道："虽然冰岛政府在受到英国的压力时请求美国保护，但冰岛居民对占领其国土很不乐意。强烈的民族感和地方主义使他们觉得这种保护没有必要。"美国军队进驻冰岛，并在那里建立了海、空军基地。与此同时，美国把安全区又向东延伸到西经 22 度线，这样就把冰岛也包括进去了。美国的责任是直接掩护由美国驶往冰岛的护航运输队中的美国舰船和倾向美国的一些国家的舰船。另外，美国海军还得到指示，如战略形势需要的话，他们还要对北大西洋的其他护航运输队实施掩护。这意味着美国对英国舰船的掩护范围一直扩大到冰岛附近海域。这就等于已经和德国处于事实上的交战状态了，所差的也不过就是政府发布的宣战公告而已了。

一战中，美国参战的影响令德国记忆犹新。因此，从 1939 年 9 月开始，希特勒对实施海上战争的指示是：无论如何不得与美国发生冲突。对希特勒而言，美国对英国即使提供大规模的援助，也要比德国与美国处于实际的战争状态好。希特勒的态度对德国潜艇部队的作战是有着直接影响的，这点我们从邓尼茨元帅的回忆录中是能够看得比较清晰的，邓尼茨元帅在回忆录中是这么写的：

起初美国人离英国周围的封锁区较远，在该封锁区德国的潜艇可自由进行攻击，因此，直到1940年夏都没有与美国人发生冲突。但在1941年6月20日，U-203号潜艇在封锁区与美国"得克萨斯"号战列舰遭遇。因为迄今为止，美国军舰一直是绕开这一封锁区航行的，所以U-203号潜艇艇长怀疑该舰是否仍属于美国，是否和美国的50艘驱逐舰一样已移交给英国。于是他对这艘舰实施攻击。但攻击无效。潜艇也没有被美国战列舰发现。艇长用无线电把在封锁区发现美国军舰这一情况做了报告。当潜艇部队指挥机关接到他的报告后，我立即下达预先命令："即使美国军舰进入封锁区也不得对其实施攻击，因为我觉得目前仍有效的允许攻击的命令已不再符合领袖的政治企图了。"

在此之前德国潜艇是可以攻击封锁区内每一艘作战舰艇的，因为鉴于美国迄今以来的态度，德国总认为美国的舰船是不会侵入该作战区的。

第二天根据希特勒的指令，潜艇部队接到下列命令：

"领袖命令，在以后几周中避免与美国发生任何意外事件，无论遇到什么情况均须遵循这一原则。此外，对确认无疑的敌舰的攻击，也仅限于巡洋舰、战列舰和航空母舰。熄灯航行的军舰并非是敌舰的象征。"

这个命令意味着潜艇对它们最凶恶的敌人即驱逐舰、护卫舰和小型护卫舰，当然也包括英国的舰艇在内，不得进行攻击。现在，由于美、英两国海军舰艇混杂在一起，使德国的潜艇战处于前所未有的困境。所有为护航运输队担任反潜和护航任务的英国作战舰艇都用所有的武器来对付德国潜艇。而所有这种方式的攻击却不会遭到抵抗和反击。

直到后来下达了一道补充命令后，连续受到攻击的潜艇才可以奋起抗击。而海战指挥部下达的甚至限制潜艇进行自卫的有关命令是："潜艇在摆脱敌舰的追击后，不得擅自对曾跟踪和攻击过它的敌舰采取类似报复或预防性的攻击行为。"

这样一来，英国的反潜兵力便可安闲自得。因此，奉命处于消极被动状态的我方潜艇只能任凭敌驱逐舰的深水炸弹或火炮的攻击，尽管潜艇面临被消灭的危险，也不能为自卫而及时还击。

当然这个命令也增加了潜艇打击护航运输队的困难。商船四周的掩护舰艇对潜艇来说是神圣不可侵犯的。如果潜艇无法回避这些掩护舰艇的话，那就必须放弃对护航运输队的打击。因为潜艇被禁止使用鱼雷去攻击掩护舰艇以打开接近船队的通道。

从整个政治形势考虑，潜艇部队指挥机关只得委曲求全。但德国政治领袖竭力避免与美国关系恶化的做法是丝毫不起作用的。罗斯福是想打仗的。他企图乘美国海军在大西洋战区逗留之机，混杂在英国海军之中以间接的方式引起军事冲突。这也是难以避免的事情。

通过以上回忆，我们不难看出当时的形势让邓尼茨何等郁闷。这等于又回到了开战之初，潜艇部队又要面临戴着镣铐在刀尖上跳舞的危险局面了。邓尼茨对于德国统帅部乃至希特勒本人的不满情绪是非常明显的。其实希特勒对于这种情况也是无可奈何的，获悉英美两国的种种眉来眼去以后，希特勒随即下令取消潜艇袭击美国商船的最后限制，甚至还产生了夺取大西洋中部某些岛屿的想法，但实际上德国仍尽量避免与美国发生直接冲突，同时严令海军舰艇不得攻击美军舰艇。希特勒这种貌似前后矛盾的命令还是很好理解的，毕竟德国和美国还没有处在战争状态，而最主要的原因还是由于德国海军的实力有限，不具备直接打击美国的可能性，基于这种现实考虑，希特勒也确实是比较忌惮于将美国直接卷入战争。但是事实上美国人对希特勒的示好态度似乎从开始就是并不领情的。

除了前文所述的一系列明显针对德国的军事措施以外，罗斯福总统在1939年11月又废除了关于禁止出口武器和战争物资的规定。从那时起对武器和战争物资开始执行"现购自运"的补充规定。根据此规定，如果买主能立即付款并用自己的船将物资运走，那么美国就可以对一个交战国提供援助。开战以来英国在大西洋上拥有的制海权使德国的商船无法通过世界各大洋，显而易见美国修改《中立法》的初衷就是为抵抗法西斯侵略的民主国家提供援助。

1940年12月29日，田斯福总统发表了著名的"炉边谈话"："……美国的文明还从未受到如今这样严重的威胁。英国一旦沦陷，轴心国就将控制欧洲、亚洲、非洲和澳洲大陆，它们可以从陆上和海上使用大量的辅助手段来对付我们这个半球。我们整个美洲就将在枪口的威逼下生活。这支枪的枪膛里装满了在经济和军事方面的危险炸药，这样讲并非言过其实……如果邻居家失火，来向你借水龙带，你能说水龙带值10美元，请先付10美元吗？不！不能！我们只会说，拿去用，用完了再还我！"罗斯福之所以要这么做，因为美国国内当时孤立主义还非常活跃，而且直接援助英国明显违反《中立法案》，难以实现。通过这一比喻，旗帜鲜明地表明了当时美国政府的态度，也掀起了美国国内关于援助英国的大讨论，讨论的结果就是1941年3月11日，美国国会通过了《租借法案》，即以租借形式向英国、中国等正与轴心国处于交战状态的国家提供战争物资。该法案的执行充分表明美国的中立态度已经名存实亡。但是局势的发展变化还会继续下去，而且只会变得更加难以控制。

1941年3月11日，美国参、众两院通过的《租界法案》经罗斯福总统签署后生效，该法案的通过彻底结束了美国多年来在外交上奉行的孤立主义政策。从此以后，美国为战斗在第一线的反法西斯国家提供了源源不断的战斗和生活物资

在美国不断加大对大西洋局势介入力度的过程中，终于在1941年9月4日，美国驱逐舰"格里尔"号和德国潜艇之间发生了一起意外冲突。当天，美军"格里尔"号驱逐舰在驶往冰岛途中，接到英军巡逻机的通报，前方约18000米发现德军潜艇。"格里尔"号立即加速至20节，当到达发现潜艇海域后，航速降至10节，声呐开机确定了潜艇位置。此时英军巡逻机因燃料即

将耗尽,便对潜艇投下了深水炸弹后返航。而德军潜艇误以为是美军驱逐舰投下的深水炸弹,随即向美舰发射了鱼雷,美舰规避鱼雷之后则还以深水炸弹攻击。随后双方在高速机动过程中脱离接触。

关于这一事件,美国历史学家威廉·L.兰格和 S.埃弗雷特·格利森在他们的著作《世界危机和美国外交政策》中的"1940—1941 年的不宣而战"这一卷中谈到:"'格里尔'号事件的真相,简单地说,是这样的:美国的一艘驱逐舰载着旅客和邮件驶往冰岛,这时,一艘英国巡逻艇通知它说,有一艘纳粹潜艇潜伏在前面 10 海里处。于是,'格里尔'号侦察到了这艘潜艇,跟踪了达数小时之久,与此同时,它与潜艇保持一定的距离并发出无线电报。潜艇指挥官迫不得已,终于发射了两枚鱼雷,都未命中。驱逐舰放了两枚深水炸弹来回敬,结果情况不明。"这一起意外的冲突事件发生在离冰岛约 175 海里处即德国人宣布为战区的区域内,而距离美国军舰受命进攻和消灭水上作战的舰艇的活动区还有一大段路程。根据美国人自己的叙述,这个事件并不发生在美国人自己划定的安全区之内,何况美国人自己划定的安全区对其他国家是没有强制效力的,这一点连美国人自己也是这么认为的。还是这两位历史学家,他们认为:"美国官方和公民对这次偶然事件竟表示如此的愤慨,这是很难理解的。请想一想,当'格里尔'号首先追踪德国潜艇长达几小时之久,并发送情报让英国飞机对其实施攻击时,而面临死亡的猎物最终却不反击它的追踪者,那岂不是咄咄怪事。"

但是就像他们所提到的那样,美国政府和军方的反应却是出奇地敏捷和激烈,首先就是 1941 年 9 月 11 日罗斯福总统在对美国人民的一次广播讲话中声称"格里尔"号莫名其妙地遭到了德国潜艇的恣意攻击，德国潜艇的这种行为纯属海盗行为。并且他接着强调：

"现在，需要我们冷酷无情的时刻已经到了，我们必须正告那些惨无人道和贪得无厌的妄图征服世界、建立永久性世界霸权的冒险家们：

'你们蓄意把我们的子孙后代置于你们的恐怖统治和奴役之下。现在，你们侵犯了我国的安全。到目前为止，不许你们再继续下去了！'……

'当人们看到一条穷凶极恶的响尾蛇时，决不会等闲视之，让其伤人，而是先将它打死。'……

'在那些看来对我们的防务很有必要的水域，美国的作战舰艇和飞机不能长时间地等待那些在水下的轴心国潜艇或大洋上的海盗船先对我们发起致命的打击。'"

除了措辞激烈的抨击以外，罗斯福总统宣布只要轴心国的潜艇进入美国防务所必须保护的海域，一经发现不加警告立即攻击！

接着1941年9月15日，美国海军部长诺克斯向美国舰队发出命令："采取一切可行手段对轴心国不管是水面还是水下的海盗舰艇统统给以截击和消灭。"

这样，由于美国总统下达了这个"开火命令"，那么实际上从1941年9月起，美国就已在大西洋战场上与德国处于战争状态了。

既然事情到了这个地步，那么接下来冲突的继续发生就是难以避免的了。1941年10月17日，在一次英国SC48护航运输队与德国潜艇的战斗中，参与护航的美国驱逐舰"奇尔尼"号被一枚鱼雷命中。1941年10月31日，德国潜艇在冰岛西南方向打击英国HX156护航运输队的战斗中，美国"鲁本·詹姆斯"号驱逐舰被一艘德国潜艇击沉。1941年12月7日,日本袭击珍珠港,德国也在12月11日向美国宣战。于是美德两国之间在战争史上和国际法中纯属罕见的状况才算结束。

盟军舰队在大西洋上担任护航任务

　　面对强敌,邓尼茨丝毫不敢怠慢和托大。1941年1月,德军开始实施改进的潜艇战术,即以6~8艘甚至更多数量的潜艇在护航运输船队可能经过的海域以四五十千米间隔一字展开,形成潜艇巡逻线或称艇幕,只要其中任何一艘潜艇发现船队,就立即报告潜艇司令部,再由潜艇司令部组织附近潜艇展开连续的夜间水面攻击。邓尼茨将这一战术的原则思想概括为在必要时间和地点上集中最大数量的潜艇。——这就是著名的"狼群战术",随着这一战术的使用,德国潜艇部队的战绩再次提升。

　　5月8日,邓尼茨决定改进"狼群战术",放弃原先采取的固定潜艇巡逻线,开始尝试在较大海域内大范围搜索战术。将所有潜艇分散部署在爱尔兰—冰岛—格陵兰—纽芬兰—亚速尔群岛—西班牙之间的广阔海域。一旦发现护航船队,立即报告潜艇司令部,再由潜艇司令部调集附近海域潜艇实施集群攻击。这一战术既可最大限度保护自己,又可组织实施大范围机动作战,收到了很好的效果。1941年第二季度英国损失的船只吨位高达一百七十余万吨,因此被英国称为战争中最艰难的一个季度。其中U–107号潜艇(艇长京特·黑斯勒,邓尼茨的女婿)在一次战斗航行中取得了击沉14艘船只,计8.6万余吨的战果,创造了德国在整个战争期间单艘潜艇单次战斗航行的最大战果。

而纵观整个1941年,德国海军以潜艇为主要破交兵力,潜艇主要采取夜间集群水面攻击的"狼群"战术,展开于大西洋上英美防御薄弱的海域,集中兵力连续攻击,取得了不小战绩,全年共击沉运输船432艘,总吨位约217.5万吨,在作战中共损失潜艇24艘。这个战绩的取得,既有邓尼茨战略战术指挥的得当,也得益于德军逐渐将建造潜艇列为军事工业优先生产项目,使德军潜艇数量大为增加,不但补充了作战中的损失,而且当时潜艇总数更是高达236艘,其中完成战斗训练能投入实战的达90艘!这与邓尼茨当初预计的理想规模已经接近了(如果在战争爆发之时就达到这种规模,对于英国的封锁作战效果恐怕要好得多)。

邓尼茨不仅在潜艇部队的作战上投入了很大的精力,而且也尽可能地改善潜艇部队没有空中支援的窘境。1940年12月,邓尼茨深感潜艇缺乏有力的侦察保障,难以扩大战果,随即向海军司令部递交备忘录,要求为潜艇部队配属空中侦察力量。在海军司令雷德尔元帅和德军最高司令部作战部长约德尔上将的大力支持下,几经周折才于1941年1月得到了一个大队的远程侦察机的指挥权，但是此举得罪了将空军视为禁脔的空军总司令戈林。而且由于飞行员缺乏专项训练，海上侦察能力以及与潜艇协同很差，加之侦察机航程还太小，远远不能满足需要，效果微乎其微。

美国的加入对大西洋战场的形势造成了影响，使得胜负的天平再次失衡。从1941年3月起，英军开始使用美制PBY"卡塔林那"远程水上飞机执行反潜巡逻使命，由于这种飞机携带两条鱼雷时作战半径高达2000千米，英伦三岛海岸以外1100千米、加拿大海岸以外960千米和冰岛以南640千米范围均受到有效的空中掩护。而从1941年下半年起，英军成立了第一个装备美制四发动机远程轰炸机B-24"解放者"的作战部队——第120中队，B-24轰炸机作战半径大，续航时间长达16小时，装备10门机关炮和6颗深水炸弹，电子设备有AS-VII雷达和自导天线，是当时唯一可以在大西洋中部海域为船队提供空中支援的机型。这种机型为英国的反潜作战提供了有力的装备支援。除了装备以外，美国的援助很大程度在战略上缓解了英国的军事部署压力，可以更加从容地调动海军兵力，而且在相当程度上提升了英国军队的作战士气，使得其原本就不低的技、战术水平能够得到更充分的发挥。

在英美的共同努力下，虽然德国的潜艇部队取得了可观的战绩，但是在这个阶段里，德国潜艇部队遭遇的几次失败都具有至关重要的影响。相关战史记载如下：1941年3月6日晚，德军U-47号潜艇在冰岛以南370千米处发现了从利物浦开往美国的OB-293护航运输船队，立即向潜艇司令部报告，并准备投入攻击。但被英军护航军舰发现并遭攻击，被迫潜入水下。德军潜艇司令部迅速将情况通报给附近的潜艇，U-70和U-99闻讯而来，于3月7日凌晨相继投入攻击。先后击沉2艘运输船，击伤3艘。U-70被英军护卫舰发现，遭到猛烈的深水炸弹攻击，终被击伤而被迫上浮，浮出水面后又遭到英舰的炮火轰击，幸存者纷纷弃艇逃生，几分钟后U-70号就沉入海里。3月7日拂晓，U-47再次发现船队，全速追赶准备攻击。入夜后，U-47正企图实施攻击，被近在咫尺的英军"狼獾"号驱逐舰目视发现，只得紧急下潜。"狼獾"号驱逐舰猛冲过来，投下一连串浅定深深水炸弹，潜艇遭到剧烈震动，螺旋桨主轴被爆炸的冲击波炸伤，因此航行时发出很大的噪音，被"狼獾"号驱逐舰声呐准确捕捉到，又是一番深水炸弹攻击最终将其击沉。传奇人物普里恩少校和全艇官兵一起葬身海底（只是一种说法）。U-47被击沉时的战绩为击沉28艘船只，总吨位16万吨，在德军潜艇部队中排名第二。

3月12日，德军侦察机在格陵兰以南550千米海域发现HX-12护航运输船队，该船队是从加拿大开往英国的，编有41艘运输船，由5艘驱逐舰和2艘护卫舰担任护航。邓尼茨随即将这一情况通知了在该海域活动的5艘潜艇。3月14日拂晓，这5艘潜艇以U-99为核心组成潜艇巡逻线，准备袭击船队。英军护航舰队根据截获的德军潜艇频繁电讯往来，敏锐察觉到德军已经发现了船队行踪，因此严令各舰提高警惕，随时准备战斗。3月15日拂晓，德军U-110号潜艇在冰岛西南约370千米海域发现了船队，立即向潜艇司令部报告，并一直在后跟踪船队。中午过后，U-99和U-100号潜艇也相继发现了船队，紧紧尾随在后。入夜，U-99、U-100和U-110均对船队发起了攻击，先后击沉2艘油船和3艘运输船，英军护航军舰对德潜艇进行了长时间的搜索和攻击，却毫无斩获。3月16日晚，U-99和

U-100再次攻击了船队，击沉油船和运输船各1艘，击伤运输船1艘。3月17日凌晨，U-100先击沉了1艘因伤掉队的油船，然后全速追赶船队。英军护航军舰在运输船周围不断巡逻，严密监视观察四周海面，"沃克"号发现了U-100的航迹，便全速冲过去，投下10颗深水炸弹。"沃克"号召来"范诺克"号驱逐舰，轮番实施深水炸弹攻击。U-100号不断进行规避，并不时改变深度。"范诺克"号的雷达发现了浮出水面的U-100号，便开足马力冲了上去，将U-100号撞沉。这时，U-99号已经在猛烈攻击下受到重创，被迫浮出水面。"沃克"号和"范诺克"号的火炮一起开火，U-99号毫无还手之力，只得投降。包括艇长克雷奇默尔在内的大部分艇员被俘。3月18日，船队进入了有航空兵掩护的明奇水道，邓尼茨被迫下令终止了对船队的攻击。此次战斗，德军虽然击沉了4艘油船和5艘运输船，但损失了两艘王牌潜艇。在10天中，德军潜艇部队一下损失了3艘王牌潜艇，这对于邓尼茨和他的潜艇部队，都是非常沉重的打击，高涨的士气都受到了严重挫伤。

除了战损以外，还有更加严重的情况出现：1941年5月9日，U-110号潜艇发现了从北美开往利物浦的OB-318护航船队，随即与U-201号潜艇协同发起攻击，先后击沉3艘运输船。但U-110号也被英军"奥布雷提"号护卫舰的声呐发现，遭到猛烈的深水炸弹攻击，被迫浮出水面。附近的英军"大斗犬"号和"布罗德威"号驱逐舰立即加速驶来，"大斗犬"号舰长意识到有俘获这艘潜艇的可能，便当机立断取消了刚刚发出的攻击命令。直到潜艇上的艇员进入甲板炮位准备负隅顽抗时，才下令开炮，驱逐舰炮火密集而猛烈，顿时将潜艇甲板炮火压制下去。"大斗犬"号一边开火，一边以15节航速逼近潜艇，在距潜艇约200米处驱逐舰派出了登艇小组，登上潜艇时，在潜艇上缴获了大量德军还来不及销毁的绝密文件和一整套带"埃尼格玛"密码机的无线电收发报机。"大斗犬"号在救起了德军落水艇员后开始拖带U-110号潜艇返航。从此直至战争结束，英军对德军潜艇部队的通信机密，甚至每艘潜艇的具体位置、艇长姓名等情况都了如指掌。（当时邓尼茨并不知道，从1941年5月以后，德国人的密码系统已经被英国人成功破译了，所以德国潜艇所有的调动部署情报都已经毫无机密可言了。关于德国密码的相关内容比较多，容后文专门详述）

8月27日，英军从冰岛起飞的岸防航空兵第269中队1架"桑德兰"巡逻飞机，在冰岛以南约150千米海域发现了正在下潜的U-570号潜艇，便立即投下烟幕筒，标示出潜艇位置，随后向基地报告。不久269中队第二架"桑德兰"飞机赶来支援。U-70很快又浮出水面，飞机空投4枚炸弹全部命中，海水汹涌而入，与潜艇上的蓄电池发生反应，产生了大量有毒的氯气，潜艇人员被迫弃艇。此时英军飞机仍在用机枪扫射潜艇甲板，全艇投降。随后又有数架飞机陆续赶来，严密监视潜艇。午夜时分，英军4艘武装拖网渔船和2艘驱逐舰才赶到。直到28日中午英军登上U-570潜艇，由"北方首领"号武装拖网渔船牵引拖带驶往冰岛。U-570号官兵破坏了无线电收发报机和密码，但英军仍从该艇获得了德军新型鱼雷及潜艇结构等方面的重要情报。后来U-570号被拖至英国，经过修复后更名为"格拉夫"号，编入英国海军序列。

英国皇家空军装备的专门用于对付德国 U 型潜艇的"桑德兰"水上飞机

这两起后果极为严重的泄密事件对于潜艇部队和德国的战争机器的影响和损失都是无法估计的。这也是邓尼茨不可能知道和弥补的。这在一定程度上已经投射下了德国潜艇部队在大西洋战役最后失败的阴影。

鏖兵东南

这里所说的东南,是从德国本土的方向来说的,确切地说是指的地中海战区。这个地中海战区是邓尼茨最纠结、郁闷的战场。因为在这一作战的过程中,"一大批潜艇被转移到地中海这个战区以后,几乎造成使大西洋潜艇战面临绝境的结果。"——邓尼茨如是说。这个问题是如何产生并形成麻烦的呢?

长期以来,意大利一直对北非地区垂涎欲滴。

在1940年6月10日,意大利参战以后,按理意大利应首先确保它在北非的阵地的安全,并使这些阵地向西和向东扩展,因为它们是意大利本土漫长海岸线的屏障。从这些阵地出发可从海上,特别是从空中对英国在地中海的东西航道实施袭击,甚至还可向埃及和为英国提供重要石油补给的近东地区进击。巩固和扩大意大利在北非阵地的先决条件是意大利海军公开攻击在地中海的英国海军,特别是封锁马耳他岛,因为它是英国的海、空基地,威胁着意大利对北非的补给线。从兵力数量上看，意大利的海、空军是能够胜任这些任务的。

然而意大利军队领导却没有去追求这一宏大的战略目标，仍试图在法国南部寻求战果。直至1940年9月意大利才开始从利比亚向埃及发动了一场软弱的攻势，而且进展不大。与此同时，意大利人又从阿尔巴尼亚向希腊发起进攻。同样，这次进攻很快就陷入了困境，1940年12月当英国在利比亚发起反攻时，意大利遭到了惨败，丢失了昔兰尼加。

意大利海军和潜艇部队所发挥的作用并非像它的朋友和敌人所预料的那样有效。他们没有采取进攻措施对付英国海军。在与英国海军的所有交锋中均未取胜。庞大的意大利潜艇部队在地中海付出了巨大的代价，而取得的战果却很小。相反，在该海区的英国潜艇却战绩斐然。

我们了解了意大利人令人无语的表现，那么英国人在这一地区的战略构想又是什么样的呢？关于这一点，邓尼茨将在其回忆录里同样做了说明："……1939年1月30日英国政府批准了海军部拟制的同德意进行战争的计划。该计划也估计到日本今后可能会积极参与这场战争。"

在英国的这个计划中，把保护大西洋的海上交通线置于首要地位。它被称为"头等重要"，因为对海上交通线失去较长时间的控制就意味着带来一场"迅速而彻底的灾难"。

对英国来说，地中海具有第二位的重要性。因为英国来自波斯湾的油船和大部分来自印度和远东的商船都要经过地中海。由于意大利有强大的海空兵力，英国要利用地中海的航道看来已无可能。因此，英国人在该作战计划中决定，来自波斯湾和远东的商船准备绕过好望角驶向英国。尽管这样，有力地控制通向地中海西部的直布罗陀海峡和红海东部的通道仍具有特别重要的意义。占领直布罗陀海峡除了具有封锁意大利的作用外，还关系到大西洋南北航道的安全。

按照上述计划，从 1940 年春开始英国商船都是绕好望角航行的，尽管当时意大利仍采取中立态度。1940 年 6 月法国的战败给英国在地中海的海上利益带来了不利的后果，致使法国海军被剔出同盟国。英国海军部认为有必要将海军兵力从东地中海地区撤出，而集结在直布罗陀海峡。为了保护大西洋的重要通道，英国海军部做出了上述决定。在失去法国海军之后，英国除了只能在大西洋执行主要任务外，已不可能始终将地中海控制在自己手中。但丘吉尔却对此加以干涉并阻止这一决定的执行。他承认海军部所阐述的各种理由，但同时又担心在这种情况下会丧失马耳他和埃及。

法国投降后，为避免其战舰沦为德、意的帮凶，1940 年 7 月 3 日，英国海军袭击了停泊在阿尔及利亚奥兰附近凯比尔港内的法国舰队，法战列舰"布列塔尼"号被击沉，尚有其他数艘军舰被击伤

英国所采取的全部措施使我们看清了其对地中海问题的基本态度。不得不说，作为传统海洋强国和世界霸主，英国人对于海洋战略的理解和德国这种大陆国家确实不在一个层面和数量级上，这也是邓尼茨的悲哀和无奈。

在1940年底至1941年初，由于英国的进攻，意大利面临被逐出北非的危险。这时意大利才接受希特勒给他们提供几个德国师的援助，而在1940年意大利曾拒绝这种援助。1941年2月隆美尔到了利比亚，发动了一场猛烈的进攻，将英国军队逼退到埃及边界。在这个目的达到后，德国国防军统帅部出于对补给问题的担心而令其适可而止。这种忧虑是有充分根据的。英国人对隆美尔在进攻中的弱点很清楚。他们首先从马耳他用飞机、潜艇和水面舰艇袭击意大利驶往非洲的补给护航运输队。意大利人无力从海上对这支运输队提供充分的支援。当初在对非洲采取行动之前意大利没有封锁马耳他，现在只能自食其果。对此德国海军总司令部的联络官魏希奥尔德海军将军曾反复指出过。此外，意大利海军没在战争爆发对立即时兵力薄弱的英国海军进行攻击，现在也尝到了苦果。对护航运输队仅采取防御性的保护措施解决不了确保通向北非的海上交通线的安全问题。这也是由于对希腊的进攻使意大利海军的兵力消耗过多，运输负担过重、兵力分散以及油料不足。从1941年7月起，驶往北非的意大利舰船每月被击沉或击伤的总损失量达70%。隆美尔陷入补给不足的困境。非洲军开始危在旦夕。

其实在更早的时候，德国海军已经开始考虑地中海战场的问题了，1940

年9月雷德尔海军元帅根据海战指挥部的两份备忘录向希特勒提议，德国应把战争的重点移到地中海（当时海战指挥部尚不知道希特勒打算在明年动用陆军和空军进攻俄国的企图）。其目的是，使近东国家处于轴心国的控制之下。雷德尔提出，陆军和空军可以协同意大利军队共同打击主要的敌人——英国，但他并没有让德国海军的水面舰艇和潜艇为其提供援助，因为德国海军的任务在主战场大西洋上。其实这也是德国海军力不从心的结果，连在大西洋战场上面对英国海军都吃力，又怎么可能有多余的兵力转移到其他战场上去，特别是水面舰艇部队。

1941年9月，鉴于北非战场局势日益严峻，意大利海、空军无力对抗英国的地中海舰队，因此经地中海至北非的海上航线在英国海、空军的强力封锁下，几乎被彻底切断。非洲军有陷入绝境的危险，再这么下去，北非战场就要一败涂地了。因此希特勒命令德国潜艇进入地中海，打击英国海军力量，保护德意联军的补给线，支援隆美尔的非洲军团。

司令邓尼茨首先从战略角度就不同意调潜艇进入地中海作战，因为这样必然会大大削弱进行大西洋战争的兵力，而削弱英国战争潜力最重要的手段就是打击其与美洲相连的大西洋航运线。邓尼茨从战术角度上也坚决反对潜艇进入地中海。这是因为一方面地中海海域狭小，潜艇活动区域较小，容易被岸基航空兵或水面舰艇发现。为了避免被发现而受攻击的厄运，潜艇不得不长时间潜航，这样机动速度就会非常迟缓，难以抢占有利攻击阵位，也就难以取得较大战果。另一方面直布罗陀海峡里有一股异常强劲的从西向东的海流（大西洋比地中海的海面高的原因），进入地中海是顺流，但要逆流而出，势必要开足马力，发动机噪音就大，也就容易被发现。位于地中海直布罗陀海峡的表层海水确实是从大西洋向地中海流动的，而其深层海水的流向正好相反。理论上潜艇确实是可以不开发动机，安静地漂过直布罗陀海峡，因此德国潜艇要想利用这种天然资源，就必须潜航，但是当时的潜艇受技术条件限制，不可能在海中长时间潜航，而且潜航速度本身就极慢，更何况是不开发动机，这等于在危险地区停留的时间延长了，而且漂出海峡的时候下潜深度更大（危险更大），更令人担心的是最初没有人知道这个确切的深度范围。这对于德国潜艇来讲，隐蔽通过海峡的难度和危险性都是很大的，只有部分王牌艇长能够完成这种通过方式。再加上英军加强了海峡地区的海上戒备，通过就更困难了（其实对德国潜艇而言，每次进出英国戒备森严的直布罗陀海峡都如同直闯鬼门关）。另外还有一种办法，就是把潜艇拆开，通过火车陆路运往地中海地区，但是成本太高，速度太慢，保密性太差，而且只能运送很小的沿岸活动潜艇，还不能太多，大一些的远洋潜艇就不可能了。这种办法基本被放弃了。综合当时的种种不利条件，可以说潜艇不适合进入地中海作战，而一旦进入地中海，就等于被封闭在地中海里了。

但是在希特勒的严令下，邓尼茨只好向地中海派出潜艇，发起地中海之战。1941年9月至11月，德军先后两次派遣20艘潜艇进入地中海，其中5艘在通过直布罗陀海峡时被英军发现击沉，其余15艘到达地中海后，积极开展活动。11月13日U–81号击沉英军"皇家方舟"号航母，该舰的被击沉颇具戏剧性。1941年11月3日下午15时，U–81号在海平线上发现一艘英国驱逐舰与2架战机，立即下潜至潜望镜深度。15时30分左右，

U-81号清晰地发现7艘英国特混舰队舰只（K舰队）正驶来，古格波上尉以潜望镜测算出英国舰队的航速为16节，并向该舰队进行水下机动，此时U-81号潜艇仍然没有被英舰发现。根据古格波上尉回忆录记载："原计划在据英舰1500米处连续发射4枚鱼雷，以便让英舰吃水线以下5处命中。但这样我们的生还概率并不大。"16时36分，距英国舰队4000米以内时，U-81号向英国航空母舰"皇家方舟"号和"暴怒"号发射了4枚鱼雷。由于发射的冲击波太强与压力的突然减轻，导致潜艇浮出了水面，幸而轮机长命令所有艇员进入前舱并紧急调整水柜进行急潜，才没有被英舰发现。10分钟后，U-81号下潜至水下40米处，静待战况。鱼雷发射6分6秒后，声呐听到第一声爆炸，90秒后又听到第二声爆炸，古格波上尉认为击中了一艘战列舰与一艘驱逐舰，命中部位是右舷，在确定没有声响后，U-81号开始向东北方向撤离。

英国驱逐舰在声呐上发现了U-81号并展开反击，两艘驱逐舰在17时25分至22时20分对U-81号进行了5个小时的追击，共投下163枚深水炸弹，U-81号不断地变化速度、航线与下潜深度，使英国驱逐舰始终没有成功锁定和击中潜艇。23时10分，英国驱逐舰放弃追击并返航之后，潜艇换气出水并在水面航行。14日，U-81号潜艇在潜艇电池充满电力后，开始沿非洲大陆海岸线航进。15日早晨5时53分，古格波上尉用电台向潜艇司令部汇报战况称：罗经坐标7645，发射4枚鱼雷，击中敌战列舰或航空母舰，第二枚鱼雷"可能"击中了不明目标。实际上，U-81号发射的4枚鱼雷只有一枚鱼雷命中目标："皇家方舟"号航空母舰，他们第二次听到的是航母内部的爆炸声。当时鱼雷击中的是舰岛下方的右舷，几分钟后，大量入水使"皇家方舟"号主机停止运转，航母向右倾斜18度，救援组试图将航母拖回港口，因为直布罗陀港并不远。13日夜间，在抢修人员的努力下，电力系统与锅炉机组曾一度恢复，但海水却不断涌入，14日凌晨4号锅炉组爆炸，大火无法控制。6时13分，"皇家方舟"号航空母舰开始侧倾，并翻转后沉入海底，长达14个小时的救援行动宣告失败。幸运的是这场灾难只有一个人死亡。

"皇家方舟"号航空母舰参与过的最著名的战斗是1941年5月围歼德国"俾斯麦"号战列舰时，该舰的舰载鱼雷轰炸机击毁了"俾斯麦"号战列舰的方向舵，使德舰最终被英国舰队击沉，并于1941年7月随英国舰队攻击阿尔及利亚米尔斯比尔锚泊地的法国舰队，可谓战功赫赫。而这次德国潜艇部队击沉了它，可谓为德国海军报了一箭之仇。英国地中海舰队不仅仅损失了一艘绝对主力舰，而且被德国人摧毁了舰队的核心空中掩护力量。

此后11月25日U-331号击沉英海军"巴勒姆"号战列舰。1941年11月24日，英军地中海舰队出海遂行破交任务，舰队司令坎宁安上将因考虑最近德军潜艇在地中海海域活动频繁，不愿以大型水面舰只冒险出击，只是在丘吉尔首相的一再催促下才率部出航。可见对于该舰的悲剧，丘吉尔是要负一定的责任的。11月25日早上，英军舰队在北非昔兰尼加附近海域（此处距离亚历山大港不远），被德军U-331号潜艇的声呐听到螺旋桨噪音并跟踪，U-331号隐蔽穿过英军舰队8艘驱逐舰组成的警戒圈，在很近距离上对战列舰"巴勒姆"号连射4条鱼雷（之前向伊丽莎白女王号发射的鱼雷没有命中），命中3条（其中一雷命中弹药舱附近），"巴勒姆"号当即发生大爆炸并于3分钟后倾覆沉没，该舰舰员死亡、失踪达862人。U-331号潜艇则在发射鱼雷后潜至250米（下潜的新纪录）深度躲避攻击，后成功脱险，艇长提森豪森获颁骑士十字勋章。

11月，希特勒又下令向直布罗陀海峡集结潜艇，以打击从英国前往地中海的船队。1941年间，德军共派遣35艘潜艇经由直布罗陀海峡进入地中海。其中27艘成功进入作战海域，3艘被击沉，另有5艘被击伤被迫返回位于法国的基地。到了1941年底，德军在地中海的潜艇数量得以保持27艘的规模。尽管后来损失了4艘潜艇——U-75号、U-79号、U-95号和U-557号（其中U-95号和U-557号在一周内相继被击沉），但仍有23艘潜艇继续作战。1942年8月11日，U-73号击沉"鹰"号航母。11月，希特勒又下令向地中海增派潜艇，并向直布罗陀海峡附近海域派遣30艘潜艇，邓尼茨立即表示强烈反对。在他的坚持下，只向地中海增派了4艘潜艇，在直布罗陀海峡则只部署了12艘潜艇。而将准备调到该地区的潜艇全部调到大西洋中部的亚速尔群岛海域。12月13日，眼看北非战局已无挽回可能，德军统帅部才下令终止潜艇进入地中海作战。

至1942年底，进入地中海的德军潜艇总共击沉432艘运输船，共217.2万吨。

1942年间，德军共派遣17艘潜艇经由直布罗陀海峡进入地中海。其中15艘成功进入作战海域，另2艘被迫返回。至1942年底，德军已经成功地将42艘潜艇派遣至地中海作战。仅1942年1月1日当天，除了已经在进行战斗巡逻的21艘潜艇外，又有15艘新的潜艇成功通过直布罗陀海峡。但是，1942年德军潜艇在地中海的损失数量也达到了14艘——U-133、U-259、U-301、

U-331、U-371、U-372、U-374、U-559、U-568、U-573、U-595、U-605、U-652和U-660号。因此，到1942年底，德军潜艇在地中海的作战力量并未得到加强而是保持在23艘的数量上，甚至作战损伤和维护保养工作也多少降低了这个数字。

1943年，德军共派遣14艘潜艇经由直布罗陀海峡进入地中海，其中11艘成功进入作战海域，2艘被击沉，另有2艘潜艇被迫返回。至1943年底，德军成功将53艘潜艇派遣至地中海作战。1944年，德军共派遣12艘潜艇经由直布罗陀海峡进入地中海。其中9艘成功进入作战海域，另3艘在通过直布罗陀海峡时被击沉。至1944年底，在地中海作战的德军潜艇数量已经达到62艘。

其实站在雷德尔元帅的角度，他也觉得邓尼茨的考虑更有道理。封锁大西洋的交通线对英国的杀伤力更大，而且作为潜艇战的内行，邓尼茨对地中海潜艇作战的利弊分析还是相当到位的，但是他不能违拗元首的意志。而作为希特勒，也不是不清楚海军的真实态度，但是地中海战场的局势已成骑虎难下之势，但凡意大利的海、空军能够得力一些，地中海的局面也不会变成这样。最后，派潜艇去地中海作战的问题只能是双方各让一步，向地中海派出潜艇是不容置疑的，但是派遣规模还是可以商量，所以地中海战场的潜艇总数量开始不是太多。随着形势愈发紧张，希特勒就三番两次地强迫邓尼茨向地中海战场增派潜艇，最终还是影响到了大西洋战场的潜艇作战兵力和作战形势。

之所以说地中海战场几乎是令邓尼茨最纠结最郁闷的战场，并不仅仅是在战略部署层面元首和最高统帅部与他自己的意见相左。邓尼茨认为：

当然把潜艇从大西洋抽调到地中海必然会大大削弱进行大西洋战争的兵力。但我认为这在所难免，因为德国非洲军的危险必须解除。可见这个战略意图邓尼茨还是完全可以理解的。邓尼茨的真正想法是："我认为往地中海海区派遣如此之多的潜艇是不正确的，尤其是在直布罗陀海峡以西和以东海域……依我所见，派遣由15艘潜艇组成的这样庞大的潜艇群常驻直布罗陀海区，在战略上没有必要，从战术上看其配置也是不妥的……这样一来，潜艇在地中海作战的实质问题已弄清楚。德国海军——主要是潜艇部队——压倒一切的最重要的任务是在大西洋交通线上打一场对英国来说是生死攸关的经济战。大西洋彼岸是英国的力量源泉，主要有美国这一世界强国做其坚强的后盾。出于同样原因，英国也把这条生命线的安全看作重要的海上战略目标。因此，我们只有在迫不得已、万分紧急的情况下才能从大西洋抽调德国的兵力，数量也不宜过多，只要能满足克服危机的需要即可。

在迫不得已把大西洋兵力抽调到地中海的这种情况下进行海上战争，是违背德国海军意愿的。海战指挥部曾要求德国国家领导打一场针对埃及和近东的战略上正确的战争。他们认为尽可能不要使用德国海军兵力到地中海去作战。但这个愿望并没有实现。意大利海军在地中海战争中无法单独完成在北非向东挺进的任务。最后德国潜艇不得不放弃主要任务而被派遣到地中海去作战，地中海的险情得到了缓解。但德国潜艇却没有能力去解决地中海的补给问题。

制空权问题是控制通向北非航道的一个主要问题，对我们唯一有利的做法就是封锁马耳他岛。因此，必须尽可能限制潜艇到地中海去。在我看来，从大西洋全部调走作战潜艇，使该海区的潜艇战停顿达7星期之久，这种做法是很不合理的。

邓尼茨依然坚定不移地认为大西洋破交作战才是具有战略意义的作战行动。毫无疑问，他的认识是正确的。对于地中海战场添油式投入兵力的结果是，德国海军投入地中海和直布罗陀海峡以西海域的潜艇最多时达40~50艘，这几乎相当于德军投入大西洋潜艇的一半。而且如此多的兵力投入，带来的却不是战略或者战术层面的胜利，而是巨大的损失，这是令邓尼茨难以忍受的又一重要原因。

据统计，1941年9月至1944年5月间，德军设法将62艘潜艇派往地中海作战，所有这些潜艇都不得不穿越由英国皇家海军严密控制的直布罗陀海峡。在此过程中共有9艘潜艇被击沉，10艘因被击伤而不得不返回。能够成功抵达地中海的德军潜艇没有一艘能够再次返回大西洋，它们不是在战斗中被击沉，就是被迫由其艇员自沉。

那么62艘潜艇损失背后的战绩又怎么样呢？德军潜艇一共击沉了盟军商船95艘，总吨位449206吨，以及包括航空母舰、战列舰、巡洋舰和驱逐舰在内的24艘英国皇家海军战舰。可以说是除了少数几次较有影响的战绩外，几乎是战绩平平，没有什么大的作为。尽管进入地中海的德军潜艇全部都是刚下水的新艇，装备精良，配备了最先进的鱼雷，但是却没有带来预期中的胜利。由于地形狭窄以及地中海平静的海面和清澈的海水，都使得潜艇的逃离极为艰难。

除了地形的条件不利于潜艇作战以外，对于德国潜艇而言，地中海还是一个极其危险的竞技场,整个战场四处密布着盟军的数十个空军基地和数百架装备有雷达设备的反潜飞机。这对包括潜艇在内的轴心国在地中海的海军力量构成了严重的威胁。据邓尼茨的回忆:

……直布罗陀周围海区很容易受到来自附近空军基地的英国飞机的不断监视。同样从直布罗陀海军基地出发的英国反潜舰艇也可不必途经漫长的航程而配置在直布罗陀海峡以西和以东海域。另外,在第一批德国潜艇进入地中海后,英国人立即于1941年9月底从大西洋抽调兵力以加强直布罗陀海区的反潜力量,尤其是当他们觉察到大西洋的潜艇战即将销声匿迹时。因而在直布罗陀海峡以西和以东海域活动的潜艇就不能露出水面,它们几乎一直处于水下状态,随时都可能遇到危险。这样一来潜艇的视界就小得多,发现来往商船的可能性也就大为减少。实际上潜艇在部署于这一海区的整个期间都没有发现东、西方来往的商船。潜艇处于静止的水下状态时,只有当商船偶尔从其旁边驶过,潜艇才有可能对其实施袭击。

由于英国海、空力量的联合打击,这使得德国海军的潜艇部队尽管在一定程度上支援了北非战场,也牵制了英军部分护航力量,但是潜艇这一单一兵种最终无法对抗多兵种作战,最终无法改变地中海和北非战场的结局。德国统帅部在地中海投入过多的潜艇反而影响了直接关系战争命运的大西洋破交作战。而英国以地中海舰队为主,在大西洋方面舰队和美国海、空军的支援下,挫败了德意的战略企图,不但保证了北非战场的胜利,还有利地配合了大西洋海战，为大西洋海战的胜利做出了重要的贡献。不过，新的战场的开辟使得邓尼茨的郁闷纠结得以稍稍弥补，这就是南下美洲与美国正式较量。

挥师美洲

和美国正面对抗这件事情,看上去自始至终德国人都做得很纠结。这一点在邓尼茨本人的回忆中看得非常清楚。

1941年9月17日,我作为当时的潜艇司令,陪同海军总司令雷德尔去同希特勒进行一次会谈。雷德尔根据海军作战部的建议,试图通过元首发布一项新的命令,来改善德国潜艇在大西洋的困难处境。这些德国潜艇只有在受到他们的主要对手驱逐舰、护航舰和巡防舰的直接攻击时,才可以实行自卫。

但是,在谈话中,希特勒似乎仍然想坚持他的观点,避免一切可能导致同美国海军发生意外冲突的事件。因为罗斯福总统肯定会充分利用这些意外冲突事件,在政治上采取其他措施来对付德国。

不过,希特勒在做出决定之前问我,如果他放手让潜艇攻击驱逐舰的话,潜艇能击沉多少驱逐舰。我回答他说：恐怕连一艘也击沉不了！——因为不言而喻，潜艇的基本战略任务在于击沉英国的商船，这是必须坚持的原则。所以，德国潜艇只有在需要保障安全的时候，才可对敌方的驱逐舰采取战斗行动。我回答了之后，希特勒做出了最后决定，依然维持原先对德国潜艇的命令。

在1941年9月17日的谈话中，商讨了这样一个问题，即尽管我们尽了一切相应的努力，而仍将出现同美国的正式战争状态，到那时，我们将会面临怎样的局面。遇到这种情况，我要求能及时地得到这方面的指示，以便潜艇在战争一爆发，就进入美国的海域。我认为在这种情况下，美国领海是非常有利于进行潜艇战争的。

珍珠港事变当天，美国总统罗斯福在国会对日宣战

但是，形势却急转直下。1941年12月7日，日本袭击珍珠港，使德国大为震惊。之后，日本同美国处于战争状态，而作为日本盟国的德国，认为有义务向美国宣战。

通过邓尼茨的回忆，我们可以看出希特勒的心态，即力图避免和美国处于战争状态。这种考虑在当时还是有着非常现实的意义的。但是很快我们就看到了希特勒战略层面失算的后果了，法西斯轴心国之间的配合极其不好，甚至于根本就谈不到什么配合！现在希特勒要为自己当初外交上的战略失误付出代价了。跟两个志大才疏、见利忘义的国家确定了盟约关系，让自己背负了盟约义务，现在无论如何也不可能再让美德之间避免宣战了。可是这里面出现了一个问题，就算是日本突然袭击珍珠港，对美国宣战让德国措手不及，美英之间互为奥援至少可以追溯到1941年年初，甚至于在1940年年底的时候，美国的态度已经是同情英国的了。那么中间这将近一年的时间，随着英美越来越接近，难道邓尼茨就不能未雨绸缪，像当初战争刚刚爆发的时候对付英国人那样，派出潜艇在美洲大陆伏击，何至于在与美国即将开战的时候，在美国海域当时连1艘德国潜艇也没有。其实邓尼茨还真是想到了这个问题了。1941年9月17日，希特勒召见时，邓尼茨就已经请示关于对美国袭击作战的问题了，这一作战计划的代号为"击鼓"。但是希特勒并没有给出肯定的答复。

1941年12月9日邓尼茨向海战指挥部建议：

立即派遣12艘潜艇到美国沿海去作战，但被拒绝了。"为了达到使用12艘潜艇的目的，我请求上级把配置在直布罗陀海峡以西海区的6艘IXC型大型潜艇（740吨）调往美国沿海。"这些潜艇特别"不适合在直布罗陀海峡和地中海作战"。"它们比VII型潜艇更容易被敌发现，而且装备更为复杂，经受不起深水炸弹的攻击，很难控制下潜深度。这种艇的主要优点是燃料储存量大，作战半径大，但在地中海和直布罗陀海峡反而无用武之地。""我又补充道，与大洋上的其他海区相比，这些潜艇在直布罗海陀峡成功的希望是渺茫的。然而我的建议没有得到同意。""海战指挥部认为，削弱地中海兵力的这个责任是担当不起的。直布罗陀海峡以西海区的潜艇也不能从它们的防御阵位撤出，只能让我用6艘潜艇的兵力在美国沿海实施首次袭击。"说是海军作战部的拒绝，不如说是希特勒本人意愿的体现，因为希特勒和邓尼茨在潜艇进入地中海作战的问题上一直是意见相左的。战略部署上纠结的背后，反映出的是德国潜艇数量仍然不足的尴尬现实，此时此刻德国潜艇的数量对于其作战区域而言，仍然有捉襟见肘的感觉。那么德国当时的潜艇兵力及其部署情况又是一种什么情况呢？潜艇部队司令在1942年的战争日志中对现有潜艇的数量做了精确的统计。当时德国在前线的作战潜艇共91艘。其中性能最好的23艘在地中海，另外3艘根据海战指挥部的指示也要进驻地中海，6艘配置在直布罗陀海峡以西海区，4艘分配到挪威海域，剩下用于吨位战的55艘潜艇由于缺乏修船工人有60%在港修理。

　　在海上活动的潜艇只有22艘，其中有一半往返于航行途中。因此，由开战到1942年初，即在战争爆发后两年零三个月的时间内，德国只有

10~12艘（占现有作战潜艇的12%）潜艇可用来同时遂行海战的主要任务——吨位战。这个统计数字在盟军方面可以得到证实。英国历史学家罗斯基尔谈到潜艇对美国沿岸的航运造成的重大损失时说："正视一下1942年最初几天潜艇在美国沿岸海域所造成的破坏情况，使多数人感到惊讶的事实之一是，那里从未有过12艘以上的潜艇同时作战。"看到现在这个情况，让人不能不感慨战争爆发以前，邓尼茨关于300艘潜艇的数量预计实在是富有战略远见的。

根据海军作战部的安排，邓尼茨只能用6艘潜艇的兵力在美国沿海实施首次袭击。其中只有5艘潜艇于12月16~25日从比斯开湾各港陆续起航。因此，第一次"击鼓"作战只能用5艘潜艇来遂行。根据德国海军有关部门的测算，从比斯开湾到美国海域最有价值的各攻击点的距离分别是：锡德尼泊地2200海里；哈利法克斯2400海里；纽约3000海里；特里尼达3800海里；基韦斯特4000海里；阿鲁巴4000海里；而大型IX型潜艇到达上述各海区后所剩下的燃料还足够维持2~3星期的作战需要。

对于此次南下美洲作战，邓尼茨对自己的作战思路是这样分析的：

到目前为止，战争一直没有波及美国海域。那里的商船惯于单独航行。连那些驶往加拿大各港（主要是哈利法克斯港和锡德尼港）然后再集结成船队驶往英国的商船也不例外。不过，由于英美两国海军的密切合作和经常交换意见，我们预料美国沿岸水域必定会有反潜配系。但是，很可能美国在反潜方面缺乏经验，因此不宜将它估计得过高。总而言之，我们认为在那里实施潜艇战的条件不错，至少会出现像刚刚交战时在英国海域出现过的那种令人满意的状况。

当然，刚开始的那些有利形势迟早会恶化的。当我们的潜艇出现在西大西洋时，美国人肯定会加强他们的反潜兵力，反潜措施也会日臻完善和有效。不久的将来，那些单独航行的商船必然被护航运输队所取代。由此看来，'必须在情况发生转变之前尽快地充分利用目前的有利条件，先下手为强'。

但是，禁止在美国海域进行潜艇战的规定被取消之后，还给潜艇战带来了另一个有利的作战条件。在那些已被划分为作战区的辽阔海域出现了无数不同的航运汇集点，这些汇集点成了我们任意攻击的新目标。这样我们就可以以迅雷不及掩耳之势把攻击的重点从一个点移到另一个点，以达到出其不意、攻其不备的效果。因为，美国人是不可能以同样的方式同时去保护所有的航运汇集点的，因此他们只能跟在掌握了主动权的进攻者后面疲于奔命，东堵西挡。采用这种办法就能达到真正牵制敌防御兵力的目的。潜艇战的作战原则同样适用于美国海域这一新战场。潜艇战的原则是以尽可能少的兵力击沉尽可能多的敌舰船。也就是说每艘潜艇每个出航日击沉敌舰船的数量必须尽可能地多。只有在这种情况下才能把潜艇派到遥远的海区和航运汇集点去，即潜艇虽然经过长途跋涉，消耗了一定的时间，但在那里的成功把握仍比附近的作战区更大。因而对潜艇部队指挥机关来说，重要的是要正确而及时地掌握遥远海区敌航运集中区和防御的"薄弱点"等有关情报。我们决不能让袭击战遭到失败。潜艇部队指挥机关指望在美国战场的"处女"海区里能获得大捷，虽然需要潜艇长途跋涉，但也在所不惜。潜艇部队指挥机关估计，在上述各海区附近的商船是单独航行的，因此潜艇不必集中航行，而应分散在一个较大的海区内。这个海区不能太小，以免在敌改变航线或停止使用该海区时就会使许多潜艇同时处于不利境地。但这个海区也不能太大，以免无法充分利用其中一切取胜的可能性就把整个辽阔的海区都作为危险区看待。最后，我决定把第一次"击鼓"战限制在这样一个海区进行，即敌人无法从我们在该海区的出现而推断出我们将可能很快也在其他航运汇集点出现。因此，首批潜艇的攻击区选择在圣·劳伦斯河和哈特腊斯角之间。

为了保证这些潜艇袭击的突然性，我命令潜艇从纽芬兰海滩向美国东海岸航行时不要被敌发现，途中只能攻击真正有价值的目标，即10000总吨位以上的商船。我还预先规定，5艘潜艇在美国沿海同时发动攻击的时间通过无线电报下达，该时间必须看天气情况和潜艇西行的航速而定。

美国物资不断输送到英国

在这期间邓尼茨还尽最大努力争取更多的潜艇到美国海域作战。因此邓尼茨再次提出反对当时还在加强直布罗陀海峡和地中海兵力的做法。他的努力得到了回报，海战指挥部批准把直布罗陀海峡以西海域的潜艇撤到亚速尔群岛海域。这项决定于1942年1月2日以第2220号密件的方式下达：1.再派2~3艘潜艇到地中海，到此为止，今后不再派其他潜艇到地中海了。2.重点在地中海的东部海域，地中海的西部海域只需配置2~3艘潜艇。3.直布罗陀海峡以西海域要经常保持3艘潜艇。其他潜艇向亚速尔方向撤离一事由潜艇部队自行安排。邓尼茨在1942年1月2日的战争日志中提到此事时写道："此决定意味着今后将不再向地中海派遣潜艇，基本上中断了2个月、实际中断了6个星期之久的大西洋之战可望重新开始。"其欣喜之情洋溢在字里行间，似乎从地中海之战开始的郁闷之气此时此刻才得以稍稍舒缓。

那么南下美洲的实际战果又如何呢？根据相关战史记载，1942年1月12日，这5艘潜艇到达美国东部海域，立即展开破交作战。美国反潜措施远远没有真正落实，沿海地区没有实施灯火管制；航线上灯标和航标照旧大放光明；夜间航行的船只仍旧开灯行驶，并公开使用明码通讯；美国沿海基本没有编组护航船队，几乎全是单船航行。所有这些灯光和无线电通讯，都被德军潜艇很好地加以利用。当时美军在海上战役指挥机构和司令部机构内都没有专门的反潜机关，反潜兵力仅有包括76艘驱逐舰、56艘扫雷舰、14艘猎潜艇、11艘炮舰和23艘近海巡逻艇在内的约280艘各型舰只，反潜飞机也只有区区72架。

美国宣战虽有5星期之久，虽然也进行反潜巡逻，但缺少实际经验，很难达到实际效果。例如，单艘驱逐舰在商船航道上以一定的规律进行巡逻，使潜艇很快掌握了巡逻时间。潜艇知道驱逐舰将在什么时间返回，返回之前那段时间对潜艇是很安全的。美国巡逻艇虽然也曾用深水炸弹攻击德国潜艇，但缺少应有的韧性，过早地停止了攻击。美国方面执行反潜任务的飞机也未进行过反潜训练。

在美国沿海活动的德军潜艇由于数量较少，也就没有采取集群攻击战术，通常白天在远离商用航线的海域潜坐海底，夜幕降临后则在航线上以水面状态搜索目标。一旦发现猎物，往往接近至鱼雷最小射程的距离才发射鱼雷，而对小型船只，艇长都不舍得使用鱼雷，一般都用甲板上的火炮将其击沉。德军这5艘潜艇取得了极大的收益，U-123号潜艇（艇长哈尔德根海军上尉）报告共击沉8艘商船，总吨位达53360吨，其中3艘是油轮。U-66号潜艇（艇长察普海军少校）报告共击沉5艘商船，总吨位达50000吨，其中1艘是装载矿砂的大型货船，2艘是油轮。U-130号潜艇（艇长卡尔斯海军上校）报告击沉3艘满载的油轮和1艘货船，总吨位达30748吨。其余2艘潜艇的战果同样卓著。潜艇在这次战争中取胜的可能性究竟大到何种程度，哈尔德根在战争日志中做了如下记载：

"太遗憾了！我在纽约港的那天晚上，再有2艘布雷潜艇把水雷全部布下就好了。如果今夜除我艇之外，还有10~20艘潜艇那该多棒啊！我敢保证，每艘潜艇都能发现大量目标。我总共看见大约有20艘商船，一部分熄灯航行，这些船中还有一些无攻击价值的小型货船。它们都紧靠海岸航行。"

1942年1月,邓尼茨将军的"欢乐时光",U型潜艇击沉了大批盟军运输船只

对此,邓尼茨在潜艇部队司令的战争日志中也不无遗憾地写道:"从各个艇长的报告中可以清楚地看出,如果在这次作战中可供潜艇部队司令使用的潜艇不是6艘,而是12艘的话,那么这次'击鼓'战中潜艇的威力就将更加强大。虽然我们抓住了这一千载难逢的好机会,并取得了令人鼓舞的战果,但这次所失去的东西,我们再也捞不回来了。"

确实如邓尼茨所说,如果第一批潜艇的数量足够多,那给美国造成的损失将是难以想象的巨大,对美国的士气、民心产生的消极影响难以估计,那么如此一来于战争的形势可能就会有实质性的影响。但是现在,这种损失按照美国的国力尚能承受,民心也未有大乱之象,这就等于是变相给美国人提了个醒,美国人对于参战的意志反而加强了。为了继续扩大战果,邓尼茨于1月15日又抽调5艘潜艇前往美国东海岸。对于此次作战行动和效果，邓尼茨在回忆录中这样写道：

如前所述，第二批5艘大型潜艇在1月初已由潜艇部队指挥机关派往加勒比海。它们应该出其不意迅速在那里出现。1艘潜艇配置在阿鲁巴岛前方海域，1艘潜艇配置在库腊索岛前方海域，另1艘在巴拉那瓜半岛的西北岸近海，以打击大量来往的油船。另外2艘潜艇的攻击区域在特立尼达附近的航运汇集点。我还下令尽可能在夜间用火炮袭击阿鲁巴和库腊索岛海岸附近的油库。按一般经验，这种夜间的对岸射击效果往往不好。为了使夜间射击不影响执行击沉敌舰船这一主要任务的突然性，避免打草惊蛇，我命令必须等攻击命令下达后并已击沉了敌方商船之后，潜艇才能用火炮射击岸上目标。为了确定总攻击的时间，我命令它们在通过西经40度线时必须报告，这样就可以算出它们到达作战区的时间。最有利于潜艇直接在敌港口和近岸海域按预定计划实施作战的时间是1942年2月中旬的朔月期间。因此，我规定2月16日为潜艇的总攻击时间。

潜艇部队遇到了很多油船，攻击立即奏效。U-156号潜艇（艇长哈滕施泰因海军上尉）在击沉2艘油船后，准备射击阿鲁巴岛岸上油库。但当该艇在夜间对敌港口前沿袭击时，由于操作上的错误，炮弹在炮管中爆炸，只好停止射击。根据海军总司令的命令，以后几夜也应反复对岸射击，然而这已无可能；因为这期间岸上已实行灯火管制，测定方位十分困难。一艘准备对阿鲁巴岛进行第二次袭击的潜艇因与敌巡逻艇遭遇，被迫离开敌港前方海域，放弃对油库的袭击。

在该海区航行的商船对被袭击一事反应很迅速，似乎要比在美国东部沿海遭受"击鼓"战袭击时的反应更快。他们时而中断航行，时而改变航线，空中警戒也有明显加强。但是因潜艇大多数是在夜间行动，而敌方商船通信使用的又是明码电报，即使使用密码，在几天后也能被我破译通知潜艇，因此，敌方的上述措施对潜艇的击沉率并无多大影响。此外，潜艇部队又接到了潜艇部队指挥机关下达的"自由机动"的指示，这样在敌改变航线后潜艇就不必局限在无猎物的原海区活动。于是 U-129 号潜艇（艇长克劳森海军上尉）满怀信心地向圭亚那沿岸前进。U-161 号潜艇（艇长阿希里斯海军上尉）勇敢地闯进特立尼达岛的西班牙港和圣·卢西亚岛的卡斯特里斯港，并在那里击沉了一些锚泊中的商船。3月初第六艘潜艇 U-126 号到达战区。我命令这艘艇在向风海峡和老巴哈马海峡之间的海区活动。14天内鲍尔海军上尉的潜艇共击沉9艘商船，后因鱼雷耗尽便与其它5艘艇同时返航。这样，潜艇在美国海区的第二次攻击也取得了圆满的胜利，不过对岸射击的战果并不理想。

根据前两批潜艇的战果，邓尼茨又向美国派出后续几批潜艇，据战史记载：

第三批15艘潜艇于2月份抵达，这批都是排水量600吨的中型潜艇。2月16日晚，根据德国海军总司令雷德尔的命令，在美国海岸活动的 U—156 号以甲板炮对岸上目标实施炮击，不料火炮发生故障，遭到美军海岸警备队的反击。2月17日，美军开始加强了沿岸目标的警戒，并开始对重要目标实行灯火管制，使得德军潜艇难以发现岸上目标，炮击计划只得取消。2月德军潜艇战绩上升至击沉85艘，计47.6万吨。

1942年2月27日,R.P.Roser号油轮在大西洋沿岸遭到U型潜艇袭击

3月14日,德军向美国派出第四批11艘潜艇,继续大开杀戒,创下了开战以来的最高月纪录,击沉运输船95艘,计53.7万吨。这主要是潜艇单艇攻击单独航行船只所取得的战果。英国对美国海岸的惨重损失,极为不满。迅速向美国提供了24艘武装拖网渔船和10艘护卫舰,这些舰船上都安装了新型的声呐。美国也开始在近海组织护航运输船队,白天由军舰护航,夜间则驶入有军舰保护的锚地停泊,以减少运输船在夜间航行时的损失。1942年前3个月,德军没有损失1艘潜艇,却取得了击沉运输船242艘,共计134万吨的巨大战果!因此这几个月也就被德军称为"第二个黄金期"和"美国狩猎季节"。德军由于大量新潜艇的下水服役,能够投入实战的潜艇数已经增至111艘。德军潜艇又掀起了一个高潮,令同盟国再次

体会到了切肤之痛。4月初，德军第一艘绰号"奶牛"的补给潜艇U-459号服役，并于4月22日第一次为作战潜艇实施了海上补给。这种补给潜艇排水量达1600吨，可携带400吨燃料和30条鱼雷补充战斗潜艇，在获得"奶牛"潜艇的海上补给后，中型潜艇的作战时间可延长4周，大型潜艇则更可延长8周，从而使在西非海岸活动的中型潜艇作战半径扩大到加勒比海，大型潜艇作战半径更为广阔，因此大大提高潜艇使用率，弥补了潜艇数量不足。

1942年3月26日，U型潜艇在哈特拉斯角附近击沉Dixie Arrow号油轮

4月8日,德军向美国派出了第五批12艘潜艇。4月14日,美军驱逐舰"罗帕"号击沉了U-85号潜艇。鉴于德国潜艇的巨大威胁,英国空军开始将潜艇生产工厂列为战略轰炸的重要目标。4月17日英军出动12架"兰开斯特"重轰炸机长途奔袭奥格斯堡的潜艇柴油发动机工厂,英军以损失7架飞机,阵亡49名空勤人员的代价,给工厂造成了严重破坏。从4月中旬起,英国扩大从加拿大哈利法克斯出发的护航运输船队规模,并减少船队次数,从每5天一次改为7天一次,这样就挤出了两个护航大队用于加强美国海岸的护航。

英国"兰开斯特"轰炸机

4月26日,德军向美国和加拿大派出了第六批13艘潜艇,这也是德军在1942年上半年向北美海域派出的最后一批潜艇。

4月底,美国在英国的一再催促下,在哈特拉斯角以北海域开始实行护航运输船队制度,这样德军潜艇的狂潮终于被遏止,潜艇被强大的护航军舰逐出了攻击比较容易得手的近海海域,再也难以从容获取战机。尽管如此，德军潜艇在4月也取得了击沉74艘，计43.1万吨的战绩。

5月美国开始在整个东海岸都建立起了护航船队体系，美国海军总司令金海军上将根据英国海军的经验，认为护航船队体系是解决潜艇威胁的唯一办法。因此全力进行护航船队体系的组织，从最早的局部护航，即将运输船从一个锚地护送到下一个锚地，逐渐扩大为整个近海护航体系，并开始组织岸基航空兵为船队提供空中掩护，还从大西洋舰队向东部海疆区调拨了一批军舰，编成6个护航队，每队包括2艘驱逐舰、2艘武装拖网渔船和3艘其他船只，以加强东部海岸的护航力量。至5月15日，德军潜艇被逐出美国东海岸各主要航线。

美国海军上将欧内斯特·金

整个上旬，德军潜艇只击沉了10艘运输船。5月23日，鉴于美国东海岸护航船队体系的建立和强大岸基航空兵的空中掩护，邓尼茨下令潜艇撤出美国沿海，南下至还没有建立起护航船队体系的墨西哥湾和加勒比海活动，以最小的代价换取最大的战果。整个5月，德军在墨西哥湾和加勒比海共击沉了41艘运输船，约22万吨。加上其他海域的战绩，德军总共击沉125艘运输船，计60.7万吨。6月起，北美沿海哈利法克斯至基韦斯特航线逐渐开始安全。整个6月，德军潜艇还是取得了击沉144艘，计70万吨的空前战绩。

库尔斯克战役期间，德国坦克装甲部队正在行进中

根据英国海军历史学家罗斯基尔的统计，在1942年上半年内，轴心国的8艘潜艇总共击沉船只585艘，总吨位为3080934吨，其中绝大部分是被德国潜艇在美国海域击沉的。

时任加勒比海地区海军司令的美国海军上将胡佛在邓尼茨从施潘道获

释后，于 1957 年 5 月 6 日给他写了下面这封友好的信：

亲爱的邓尼茨海军上将：我对您的健康和您在 1945—1956 年德国发生翻天覆地的变化时期所持的从容冷静的态度表示祝贺。对您来说，这是一种精神折磨，就如我在 1941—1943 年所经受的精神折磨一样。那时，我们正在加勒比海战场全力以赴地抵挡您的潜艇的惊人的猛烈袭击，这一战场的指挥官就是我。致以最良好的祝愿！海军上将约翰·霍华德·胡佛。1957 年 5 月 6 日，美国海军（退伍军人）。

  笔者以为没有比来自于对手的敬佩更能体现出对于邓尼茨潜艇战水平的评价了。由于德国潜艇部队的战绩，邓尼茨也在 1942 年的 3 月 14 日晋升为德国海军上将，仍然继续担任德国海军潜艇部队司令。

  6 月 24 日，邓尼茨致信海军总司令雷德尔，要求根据战争的发展重新确定潜艇所承担的任务，特别是提出在同盟国装备了新型雷达后对潜艇威胁越来越大的不利情况下，强烈要求建造具有高航速的瓦尔特级潜艇，并将建造这种潜艇的重要性提高到决定战争胜负的高度。邓尼茨对于潜艇发展的眼光确实是非常独到和具有前瞻性的。瓦尔特级潜艇因由潜艇工程师瓦尔特所发明的高效发动机而得名，这种发动机通过氧化氢与海水反应产生动力，这样就能彻底改变柴油发动机必须定时上浮出水，以给蓄电池充电的传统方式，能够长时期在水下进行高速航行。这种具备长时间潜航能力的新型潜艇具有划时代的意义，它为战后核潜艇的横空出世起了抛砖引玉的作用，并且今天的 AIP 常规动力潜艇思路可以说就是对它的发扬光大。可惜当时的过氧化氢安全性极差，非常容易发生爆炸导致艇毁人亡的恶性事故，所以还仅仅是停留在研制阶段，定型批量生产还需要不少时间，而且数量有限，对于整体战局起不了扭转乾坤的作用。

7 月开始，美军护航体系已延伸到加勒比海，并开辟了四条新的护航航线：哈利法克斯至荷属西印度群岛、巴拿马运河至关塔那摩、特里尼达至基韦斯特及特里尼达以东航线。8 月底，美国对近海护航体系进行了调整，开始实施分段护航体系。所有在美国大西洋沿岸航行的船只均被纳入这一体系，以纽约、关塔那摩和基韦斯特为 3 个重要的起始点，其中关塔那摩和基韦斯特为起点，纽约是终点，船只到达纽约后再编组成横渡大西洋的船队，开往英国。为了减轻起始港口负担过重的情况，制定了严格的时间表，一些直达纽约的船队无须进入中间港口，就在关塔那摩或基韦斯特由护航军舰进行交接，变更船队代号就可前往纽约。这一体系在 1943 年得到了全面推广，并一直使用到战争结束。正是由于该体系的实行，1942 年最后 3 个月中，在美国东部海疆区、巴拿马海疆区和墨西哥湾海疆区没有损失一艘船只，只有在加勒比海海疆区损失了 30 艘船只。近海护航体系和分段护航体系的实施，使 1942 年 7 月至 1942 年 12 月同盟国在美国海岸的损失减少到 39 艘，占全部护航船队编成中的 9064 艘次船只的 0.5%，大大低于横渡大西洋的护航运输船队 1.4%的损失率，充分证明了有效的护航体系在近海航行中对于保证船只安全所起的重要作用。

德国潜艇部队在美洲的作战可以说是战功赫赫，也迅速培养出了一批新的潜艇王牌艇长，但是从整个战局的发展来看，不但没有使美国海军伤筋动骨，士气低落，反倒在一定程度上锤炼了这支武装力量，使得它快速成长起来，并与英国皇家海军一起，成为德国海军潜艇部队在大西洋上的劲敌，双方在大西洋战场上的斗智斗勇还将进一步渐入高潮！

海上狂飙

实际上不管德国潜艇部队在地中海和美洲战场的战绩如何，都无法动摇大西洋战场在邓尼茨心中的地位。在邓尼茨的心中始终不变的一点就是：其他战场都只能是大西洋战场的分战场，只能为大西洋战场服务，起到配合作用，譬如美洲战场。而地中海战场，已经对大西洋战场构成了干扰，邓尼茨从一开始就坚决反对，甚至于随时都希望撤步抽身，扔掉这个烫手的山芋。这倒不是出于邓尼茨个人的偏执，实在是德国海军的战略方针所致。

早在二战前，德国高层已经根据海军的实际力量和国家的战略需求，为海军制定了作战方针。人们后来看到的1939年8月31日国防军统帅部下达的第1号作战指令是这样规定的，海军的主要任务是："实施经济战，重点打击英国。"实事求是地讲，德国海军高层给海军所制定的任务确实是恰如其分的。德国海军不仅整体实力远逊于英国皇家海军，诸兵种不齐全（无海军航空兵）且缺乏协同作战的经验，所以根本无法像德意志第二帝国那样，通过主力舰队决战的方式夺取制海权。只能通过消灭英国及其盟国的商船，德国才能给英国以决定性的打击。

英国是海洋国家，英国人的生活和作战能力都依赖于海上运输。对于英国的这一先天不足，丘吉尔认识得是非常清楚："大西洋战役是整个战争的决定性因素，我们任何时候也不能忘记，无论在陆地、海上或空中所发生的一切最终将取决于大西洋战役的结局。我们在被各种其他忧虑纠缠的同时，也怀有希望或恐惧，日复一日地注视着大西洋战役变幻莫测的命运。"就像是丘吉尔所担心和关注的一样，德国正是选择了以破交作战打击英国海上交通线的方式来削弱乃至于摧毁英国的战争能力。那么以英德双方的地理位置而言，大西洋战场必然成为双方海军生死相搏的主战场。

看到这里，很多人会认为，德国海军的战略方针正对邓尼茨的思路，决策层和执行方之间应该是没有任何的问题了。其实不然，问题不但有，而且很大。因为就破交作战的大方向而言是肯定没有异议的，但是在如何执行破交的手段问题上，分歧相当大。最基本的是两种截然对立的思路，即重舰队和轻舰队的分歧，前者多为传统型将领所秉承，以战列舰为核心执行舰队打击思路；后者多为年轻军官所推崇，以辅助巡洋舰和伪装袭击舰为主力，打击英国海上交通线。两种思路各有优劣。前者战斗力可靠，但是造舰周期太长，数量难以保证；后者易于实现，但战斗力存疑，而且打击效果有赖于战术的创新，而这恰恰是德国海军所欠缺的。两种思路互相矛盾，但是在一点上却是高度一致，那就都是以水面舰艇部队作为破交的主力，至于潜艇则根本就是被排除在外的辅助兵力而已。造成这一局面的根本原因当然是观念的陈旧，但以当时潜艇的技术局限，不可能和水面舰艇正面对抗，这也就无法让更多的海军业内人士对其刮目相看。毕竟不能要求所有的人，尤其是水面舰艇部队出身的将领，也都具有邓尼茨那样独到的眼光。而且邓尼茨独创的"狼群战术"在战前也只是众多设想中的一种，并未经过实战的检验，所以包括高层在内，对此也是将信将疑。而邓尼茨本人，战前仅仅升至准将，以这个位置想要参与并影响德国海军的战略决策和资源分配，根本就是不可能实现的。所以邓尼茨在战前提出的建造300艘潜艇的建议，应该是毫无悬念地被束之高阁了。最终德国的潜艇部队只有在数量严重不足的情况下走上了战场。

那么当时间到了1942年，与开战之初相比，形势又有了什么变化呢？根据英国海军历史学家罗斯基尔的统计，仅仅是1942年上半年，轴心国的8艘潜艇总共击沉船只585艘，总吨位为3080934吨，其中绝大部分是被德国潜艇在美国海域击沉的。还有更为细致的统计数字，在这6个月内，所有在大西洋的德国潜艇平均每天——往返航行的大量时间也包括在内——取得的战果是：1942年1月为209吨，2月为278吨，3月为327吨，4月为255吨，5月为311吨，6月为325吨。这一统计数字也包括那些同一时期为了挪威的安全而调去那里的潜艇根本就没有击沉或者只击沉极少的船只的数字在内。如果不把这些调往挪威的潜艇航海日计算在内，那么上述每艘潜艇每日的战果还要多50吨左右。这就证明，由于希特勒错误的调动潜艇离开主要战区去挪威担任警戒任务，致使在击沉吨位数字上至少还减少了50万吨。无论怎么计算，潜艇这种海战武器的战略意义都已经显示得相当明显了。

如果反观被德国统帅部曾经寄予厚望的水面舰艇部队，虽然也进行了多次破交的巡洋作战，也取得了包括击沉英国战列巡洋舰"胡德"号这样的战绩，但是因为各种原因，破交的战果相比于潜艇部队始终乏善可陈，而且还付出了包括战列舰"俾斯麦"号在内的多艘主力战舰或沉或伤的惨重代价，而这些重型水面舰艇一旦损失，再想重新补充并形成战斗力就非常困难，德国的战争资源已经是相当紧张了。德国的潜艇部队以自己的辉煌战绩终于赢得了最高统帅部的高度重视，并且最终成为破交作战的主力，当然也早就引起了对手的高度重视。

在英国一直对德国潜艇作用认识得比较透彻的人，应当首推丘吉尔，他曾指出："潜艇的攻击是最大的祸害，德国人如果聪明的话，就该对此全力以赴。"为此，丘吉尔积极游说英国皇家海军，从一开始就希望以其所支配的全部力量用来对付德国的潜艇战。但是要把这种希望转化为现实却并不那么容易。原因也很简单，从直接的层面来说，皇家海军必然把最直接的威胁排在前面加以重视，从开战以来，德国海军的战列舰、战列巡洋舰、袖珍战列舰、重巡洋舰等主力舰只，哪一个对英国的威胁也都在那50余艘潜艇之上，要求当时皇家海军的将领从心里相信和认同潜艇的威胁要大于战列舰，这是不现实的。而深一层的原因则是轻敌，以皇家海军当时的实力，从上到下大概没有什么人会把德国海军真正放在心里当成威胁的。虽然说德国在上次大战曾经有过无限制潜艇战，但是此时就凭德国那点潜艇兵力，恐怕就是倾巢出动也不能把皇家海军如何吧，何况英国人还发明出了搜索潜艇的利器——声呐。无论从哪个角度说，皇家海军都没有担心德国海军和他们那一小撮儿潜艇的必要。不过这些将领们压根儿也没想到过那个刚刚发明出来的声呐有多么不靠谱，更没有想到一个曾经在他们的战俘营里关了10个月的邓尼茨会发明了一种"狼群战术"，而且还带出来一批批如狼似虎的艇长，从单艇到集群，他们你追我赶，大打特打吨位战，令人瞠目的战绩背后是大英帝国商船吨位的急剧下降，是皇家海军以"皇家橡树"号开始的一个个血淋淋的舰名……堂堂大英帝国的交通线已经窒息到什么程度。

丘吉尔作为首相，比一般人对形势看得更加清晰明白。丘吉尔在1940年12月写给罗斯福的信中说："英国每年只能建造150万吨商船。这个数量是不够的，每年另外还要补充300万吨。只有美国的造船工业才能填补这种空缺。"丘吉尔为什么要这么说？根据统计，在1940年，被德国潜艇击沉的船只数和总吨位数分别是：471艘和2186158吨。如果让这种情况持续下去，英国将可能很快面临无船出海的窘境。而幸亏美国施以援手，才让英国人缓过一口气来，但是随着邓尼茨将潜艇作战的重心在1942年6月以后又开始移回大西洋，英国人刚刚放松的精神又随之紧绷起来。

1942年7月19日，邓尼茨见美国海岸逐渐建立起护航体系，再要以较小代价取得较大战果的目标难以实现，便果断改变战术，将潜艇作战的重点再次转移回北大西洋，并制订了大西洋作战计划。

首先，从德国和法国基地出发的潜艇，前往大西洋东部海域，在盟军驻爱尔兰和冰岛岸基反潜飞机作战半径以外海域，沿着护航运输船队可能的航线游弋。如果发现西行的船队，就一路跟踪追击直至百慕大东北海域，然后接受补给潜艇的补给，再在纽芬兰沿海形成新的巡逻线，截击东行的船队，当燃料和鱼雷消耗完以后，返回法国补充和休整。

邓尼茨不同意德国海军总司令雷德尔提出的，只有满载物资的东行船队才是值得攻击的观点，他认为西行的空载船队也同样应予攻击。经济战、吨位战应该是连同敌人的运载工具一起攻击，在这个问题上，邓尼茨显然比雷德尔认识得更加透彻。

其次，邓尼茨发现英国船队沿大圆圈航线（英国自1942年初起，根据德国潜艇的主攻方向转到美国沿海的变化，开始调整船队航线，主要沿北海峡到纽芬兰的大圆圈航线航行，因为大圆圈航线距离较短，可以节约航行时间，也就减少了遭遇潜艇攻击的危险）航行后，就把开往美国和从挪威返回法国正好途经该海域的潜艇集中起来，沿大圆圈航线搜索同盟国船队。二战开始以后，由于德空军总司令戈林元帅的跋扈，"所有会飞的东西都归我管！"因此德国海军就没有海军航空兵，要想动用飞机就得求助于空军和戈林，其效率就可想而知了。另外德国海军的航空母舰"齐柏林"号就因为没有舰载机而迟迟不能服役，故而德国海军一直就无法给远洋活动的舰艇提供空中掩护。没有海上制空权，潜艇更是无法直接对抗飞机，一旦遭遇飞机只能下潜规避，这在很大程度上对潜艇的作战和安全造成了麻烦和威胁，为此邓尼茨不得不在7月上旬亲自前往东普鲁士的洛明丁堡空军司令部，晋见空军总司令戈林元帅。

1941年1月,邓尼茨为了得到空中侦察,曾通过最高参谋部获得到了一个大队的远程侦察机的指挥权,这种越级行事的行为在等级森严的德国军队中素来不被看好,更无疑会被一贯飞扬跋扈的戈林所不满。此次邓尼茨为了能使潜艇部队得到必要的空中掩护,还是得必须亲自拜谒戈林,以求得关系的缓和。最终邓尼茨倒是不虚此行,得到了24架战斗机的指挥调动权,考虑到邓尼茨当时只是兵种司令、海军上将,距离戈林的军种总司令、帝国元帅,级别差了足足3级,能够有这个结果已经算是戈林很给邓尼茨面子了。

邓尼茨的潜艇部队重回大西洋战区开局还算是顺利,根据相关的战史记载,整个7月,德军潜艇战绩是击沉96艘,47.6万吨。8月开始,德军每月新建成服役的潜艇数量达30艘,因为潜艇在当时还算是一种相对比较"价廉物美"的作战舰艇,较短的建造周期,对于战争资源已经开始感觉吃力的德国,还是有一定的吸引力的。手中兵力的相对充裕,使得邓尼茨能把足够的潜艇投入大西洋,而且还能派出数量可观的潜艇前往同盟国反潜力量比较薄弱的海域,如特里尼达以东的加勒比海、弗里敦海域、开普敦海域甚至印度洋的东非海域。

8月5日,U-593号潜艇在北大西洋发现了从加拿大开往英国的SC-94护航船队,由36艘运输船组成,加拿大海军的1艘驱逐舰和5艘护卫舰负责护航。德军先后调集了16艘潜艇实施围攻,盟军护航军舰拼死掩护;8月8日,又有英国和波兰各1艘驱逐舰赶来支援;8月9日护航船队还得到了从北爱尔兰起飞的B-24"解放者"空中掩护。

尽管盟军护航兵力多次将德军潜艇逐走，并击沉 U-210 和 U-379 两艘潜艇，击伤 2 艘潜艇，但船队仍有 11 艘运输船被击沉，共计 4.9 万吨。8 月 13 日，西大西洋上同盟国两支相向而行的船队 WAT-13 和 TAW-12 护航船队均遭到德军潜艇攻击，共被击沉 5 艘运输船，共计 2 万吨。8 月 14 日，U-653 号潜艇在中大西洋发现了从非洲塞拉里昂开往英国的 SL-118 护航运输船队，随即召唤其他 6 艘潜艇赶来，组织集群攻击。在英军岸基航空兵全力掩护下，德军潜艇多次遭到驱赶。但德军潜艇还是取得了击沉 5 艘运输船，共计 2.6 万吨的战果。8 月中旬，邓尼茨根据吨位战的作战原则，决定向同盟国护航力量薄弱的南非开普敦海域派出潜艇，他精心挑选了 4 名具有丰富经验艇长指挥的潜艇，加上 1 艘补给潜艇组成代号为"北极熊"的艇群，从法国洛里昂出发。为了使此次破交作战出其不意，邓尼茨特别指示在到达赤道以南 550 千米之前，不得攻击任何船只。8 月，德军潜艇主要在同盟国岸基航空兵作战半径之外的海域活动，创下了辉煌战绩，共击沉 108 艘运输船，计 54.4 万吨。9 月，德军潜艇数量继续增加，用于大西洋上的潜艇首次达到了创纪录的 100 艘！

面对德国"狼群"重返大西洋，英国方面也是丝毫不敢怠慢，丘吉尔和英国海军司令部遂于 1942 年组织一个统一的领导机构，以便英美集中力量更有效地抗击潜艇战。于是，"反潜艇战委员会"宣告成立。丘吉尔主持了第一次会议并声称，这个新成立的委员会的目的，是给予反德国潜艇战以强大的推动力。委员会决定使用尽可能多的远程飞机进行反潜活动，至少要对迄今一直未受英美飞机监视的大西洋"空白"

区加以封锁。同时对护航编队的防卫问题同样也做出了新的决定，以往，护卫舰发现了潜艇之后，只能与之做短时间的战斗，因为它显然不能离开编队，否则，护航编队就失去了保护。这就是说，护卫舰必须马上放弃与潜艇的作战，返回到必须加以保护的商船队来，只能达到驱赶德国潜艇的目的，所以，"反潜艇战委员会"这时就建立了所谓的"支援部队"。这些拨给护航编队的"支援部队"并不担负护航舰的单纯护航任务，而主要是去追踪、攻击它所发现的德国潜艇并尽可能地把它消灭。

为了能够更及时发现潜艇，英国皇家海军在技术手段上也做出了及时的改进，到 1942 年的时候，尽管英军在护航军舰和反潜飞机上已经装备了新型 ASV 雷达，但要发现并精确定位夜间水面状态的潜艇，还是很困难的。这种雷达有一个严重的缺陷，那就是雷达在距离目标 1200 米时会自动关机。原因是在这样近的距离上雷达波束反射回来，其强烈的脉冲波束将会把灵敏的接收机烧毁，所以雷达实际上在近距离根本无法使用，当然也就无法确定潜艇的准确位置。

英军海岸防空司令部行政军官利少校，他早在一次世界大战中就多次驾驶飞机执行反潜巡逻任务，得知这一情况后，就向海岸防空司令鲍希尔上将建议在反潜飞机上安装探照灯。在鲍希尔上将的大力支持下，利少校选择地面防空部队所使用的标准制式直径 90 厘米的大型探照灯，但这种探照灯体积大，耗电大，使用时还散发大量的热量。为了解决这些困难，利少校进行了大量工作，在飞机上加装 90 千瓦的发电机以提供电力，设计了液压系统来进行操纵，在其他科学家的帮助下散热问题也得到了圆满解决。这种新型机载探照灯被命名为利式探照灯，或称利光探照灯，首先安装在惠灵顿式轰炸机上。1941年5月，利少校亲自操纵探照灯，与机载雷达配合进行搜索潜艇实验，取得了巨大成功。接着利少校又进行了改进，以蓄电池取代了笨重的发电机，使整个系统重量减少到300千克，完全可以在实战中灵活使用。1942年5月英国空军第172中队在首批5架飞机上装备利式探照灯，飞行员也随之开始进行雷达与探照灯配合使用的训练。7月4日，德军U-502号潜艇返航途中成为第一艘被利式探照灯发现并被击沉的德军潜艇。6月和7月，装备利式探照灯的英军反潜飞机在比斯开湾共发现德军潜艇11次，攻击6次，击沉1艘潜艇，给德军潜艇部队以巨大的心理打击。以往德军潜艇在夜间以水面状态自由通过比斯开湾的美好时光一去不复返。雷达装备在飞机上很长一段时间里，都没能给潜艇造成严重威胁，直至利式探照灯研制成功，并与雷达协同使用后，才给德军潜艇造成了极大的威胁。

鉴于英军雷达的巨大威胁，邓尼茨命令技术部门研制雷达接收装置，最终研制成功被称为FuMB（德文雷达探测器的缩写）的反探测装置，能够接收到英军机载雷达在48千米之外发射的米波雷达波，比雷达发现潜艇的有效距离远两倍。由于德国军事工业已经处于高饱和状态，实在无力承担此项装置的生产，该装置便由法国梅托克斯公司和格朗丹公司生产，又被称为梅托克斯装置。而潜艇部队官兵因为其接收天线是十字架形（天线为菱形木质框架和电线组成），便形象地将之叫作"比斯开湾十字架"。自从部分德军潜艇从8月起开始装备该装置后,就为没有该装置的潜艇护航,直至9月邓尼茨的装备命令被全面落实,10月,德军潜艇在比斯开湾航行时便再没损失一艘。因为德军潜艇只要一接收到英军飞机的雷达信号后,反探测装置就会蜂鸣报警,潜艇就能立即下潜,完全可以在英军飞机到来前下潜到安全深度,躲避攻击。至年底,所有潜艇均装备了该装置,使德军潜艇再次获得了夜间通过比斯开湾的自由。这也是双方在技术领域的一次斗智斗勇。

谈到双方这一阶段的海上较量,不得不涉及"拉科尼亚"号事件。这是关系到邓尼茨在战后纽伦堡国际军事法庭的罪名之一,能否客观公正地看待邓尼茨围绕这个问题所做的决策,既关系到邓尼茨自己的身后评价,也关系到德国海军潜艇部队的形象问题。

对于该事件,相关战史是这样记载的:1942年9月12日,"北极熊"艇群的U-156号在南大西洋阿森松岛东北海域发现了英国的运输船"拉科尼亚"号。U-156号对该船实施了鱼雷攻击,将其击沉。当U-156号救起第一批幸存者后得知船上载有意军战俘,立即向邓尼茨报告并请示。邓尼茨复电继续进行援救。U-156号一边进行救援,一边发出明码电文,注明了出事地点的具体位置,以便附近船只救助。邓尼茨命令除U-156号外,"北极熊"艇群其余潜艇按计划继续南下,而命令正在弗里敦以北海域活动的U-506和U-507号及意大利"卡佩利亚"号潜艇前往救助。同盟国方面,英国也火速从加纳塔科腊迪派出了辅助巡洋舰和运输船各1艘前去救援,驻扎在阿森松岛的美军第一混合航空中队奉命出动为英军救援船只提供空中掩护,但美军并不清楚德国正在进行救援。

一架美式 B-24 "解放者" 远程轰炸机执行轰炸罗马尼亚石油工业中心普洛耶什蒂任务

9 月 15 日，德军 U-506 号和 U-507 号潜艇陆续到达现场，从 U-156 号上接收了部分幸存者，然后向北航行。而 U-156 号上还有 100 多幸存者，并在艇后拖带满载幸存者的救生艇缓缓北行。9 月 16 日，美军第 343 轰炸机中队的一架 B-24 "解放者" 轰炸机发现了 U-156 号潜艇，随即向附近的第一混合航空中队通报。随后第一混合中队出动 2 架 B-24 "解放者" 轰炸机，对 U-156 号潜艇进行了攻击，尽管当时 U-156 号悬挂着明显的红十字标志，还是遭到了攻击，并被击伤。U-156 被击伤后，便将艇上的幸存者全部转移到救生艇上，迅速返航。9 月 17 日下午，维希法国的 1 艘巡洋舰、1 艘护卫舰和1艘扫雷舰到达预定会合海域，从U-506号和U-507号及救生艇上接收了1041名"拉科尼亚"号的幸存者。次日这些法舰又从意大利潜艇"卡佩利亚"号上接收了42名幸存者。"拉科尼亚"号共有1083人获救，其中英国和波兰人800余人，1800名意大利战俘仅200余人获救。这就是"拉科尼亚"号及其乘客的遭遇，史称"拉科尼亚"号事件。

9月17日，邓尼茨根据U-156号的遭遇，愤怒地向所有德军潜艇下达禁止救援被击沉船只幸存者的命令："1. 不要有任何营救沉没船只幸存者的企图，这包括将人从水里捞出来放到救生艇里，将倾覆的救生艇翻过来或者给他们水和食物。营救行为有悖于武器的根本目的，即摧毁敌方的船只和船员。2. 逮捕敌船船长和总工程师的命令仍然有效。3. 只有当幸存者的口述对潜艇很重要时才营救他们。4. 要无情。记住敌人在轰炸德国城市时从来不会为妇女和小孩做任何考虑。"这就是所谓的"拉科尼亚"命令。

这一命令以后导致了同盟国许多被击沉船只上的船员葬身大海。这道命令使邓尼茨在战后的纽伦堡国际军事法庭上受到了英国人的指控，认为这是邓尼茨是纳粹法西斯的铁证。然而将事件经过还原得越是清晰，就越是能够理解邓尼茨下达命令的初衷。德国潜艇部队为了救援幸存者而险些丧生于盟军飞机的攻击之下，而对方是无视红十字标志发起的进攻，这件事情盟军做得实在是没有什么道理可言。

邓尼茨是这样回忆的：

受过海员传统教育的德国海军军官具有处处助人为乐的精神。但是我们没有责任再履行这样的义务。如上所述，对我们的潜艇和艇员来说，这种义务意味着极大的危险。当"拉科尼亚"号被击沉后，为了救援落水者，我把我自己的潜艇都派出去了。而相反的是，敌人为了消灭正在进行救援工作的德国潜艇，而置英国幸存者的生命于不顾。现在，驻巴黎北约总部的美国罗伯特·C.理查森将军在沉默了21年之后已经对此做了解释（见1963年8月4日的《星期日快报》）："我曾下令炸死'拉科尼亚'号的幸存者。当时我们并不知道，他们之中还有英国人。但纵然我们知道这一点，我们也会同样对待的。无论如何我得下达这样的命令……这是战争，潜艇非消灭不可。"这位美国将军对他在战争中曾下令轰炸正在实施救援工作的潜艇一事至今仍供认不讳，他的上述表白清楚地说明当时德国方面已没有义务再派潜艇去进行救援工作。因此，现在我必须下一个命令，以避免以后再出现类似的情况。无论空中危险情况是否允许进行救援工作，都由艇长自行决定是否实施救援行动。也就是说，在这项命令中规定，不允许再把估计的或实际的空中情况作为是否可进行救援的前提。我必须向他们说明，这些船上的船员作为参战人员是应被消灭的，而潜艇却要在继续战斗的情况下冒着极大的危险去救援这些船上的人员，这样做是不合理的，是违背各国所遵循的原则的。同盟国的商船装备有火炮和深水炸弹，船员经过反潜训练，他们和船上的海军士兵共同进行反潜作战。另外，敌人还把商船编入了军事体制。由此可见，同盟国商船上的船员有目的地采取军事行动是肯定无疑的。

我们可以看出，邓尼茨在回忆录中坦率地陈述了自己当年的观点。同时我们也必须客观地指出一点，实际上也的确有过射杀沉船幸存者的想法在德国出现，其始作俑者是希特勒，提出时间是在1942年1月，目的还是打击盟国海运。但是这个想法一经提出，立刻受到了雷德尔和邓尼茨的联手抵制，希特勒最终只能作罢。事后邓尼茨回忆说："向沉船幸存者开火是一件有悖于战争伦理的事情，应该在任何情况下都禁止这种事情的发生。"通过这句话，我们能够看出邓尼茨还是一位比较纯粹的军人，还是恪守着最基本战争伦理观的。

9月中旬起，德军每天同时在北大西洋上活动的潜艇达到了20艘以上，对同盟国多支护航船队进行了攻击，导致其在9月的船只损失达到了98艘，48.5万吨。至1942年10月中旬，德军每天能够同时在大西洋作战海域展开的潜艇数量达到创纪录的40艘！这样邓尼茨就可以同时投入两个潜艇艇群，一次集中起15甚至20艘潜艇实施集群攻击，这就给同盟国的海上运输造成了极大的威胁。10月间，多支横渡大西洋的护航船队都遭到了潜艇的疯狂攻击，共有94艘船只被击沉，损失吨位达61.9万吨。11月，同盟国发起了北非登陆战役，尽管大西洋上盟军护航力量和德军潜艇力量都被北非战局所分散，但11月德军潜艇仍取得了击沉运输船119艘，总计72.9万吨的开战以来最高纪录。12月，同盟国鉴于11月蒙受的巨大损失，加之北非战局也基本结束，从而能腾出力量来加强大西洋的护航。而德军也从德国和法国派出了由结束休整潜艇所组成的新艇群。同盟国共有14艘船只被击沉，损失吨位7.5万吨，德军潜艇无一损失。

1942年一年，德军潜艇共击沉同盟国运输船1160艘，总计626.6万吨，是整个战争期间年度最高战果！占德军潜艇、飞机和水面舰艇击沉运输船总数1664艘的69.7%，击沉吨位总数779万吨的80.4%！由于运输船的严重损失，英国全年物资进口量下降到 3400 万吨，比 1939 年的进口量下降了几乎三分之一。英国供运输船使用的燃料储备极其匮乏，全国库存仅 30 万吨，还不够三个月的正常消耗。德军潜艇全年损失 87 艘，但凭借大量新服役潜艇，潜艇总数不仅没有减少，反而增加到 393 艘，其中 212 艘完成了战斗训练，能够随时出海作战。因此 1942 年的大西洋之战，德国毫无疑问是胜利者，但是，从整体战局来看，不仅远远没有到达取得决定性胜利的时候，而且是双方角力进入关键阶段的时刻。而就在这个阶段，邓尼茨做梦也不会想到的是，自己即将跃上此生海军军事生涯的巅峰。

海军掌门

1943年1月中旬,海军元帅、总司令雷德尔突然给邓尼茨在巴黎的指挥所打来电话。雷德尔告诉邓尼茨,自己打算辞职,准备提议让卡尔斯海军大将(时任德海军北方舰队司令)或邓尼茨作为其继任人担任海军总司令。要求邓尼茨在24小时后做出答复,主要是让邓尼茨考虑自己的健康状况是否允许他担任这一职务。对于雷德尔的电话邓尼茨是感到非常意外,他从来也不可能想到雷德尔海军元帅会有辞职的打算。究竟是什么原因造成了这次德国海军高层的人事变动呢?

这个事情的直接导火线要从大约半个月之前说起。由于1942年12月31日,德国海军攻击英国开往苏联的JW-51B船队,最终战斗的结果英国的船队顺利抵达目的地摩尔曼斯克港,尽管损失了驱逐舰、扫雷舰各1艘。而兵力明显占优势的德国海军舰队不但是铩羽而归,而且由于"吕佐夫"号袖珍战列舰不战而退,"希佩尔海军上将"号重巡洋舰遭到重创,还有1艘驱逐舰战沉。德国海军总司令雷德尔因此受到了希特勒的严厉训斥，并谢绝了希特勒的挽留，于1943年1月30日自行卸去了海军总司令之职。同日邓尼茨接任海军总司令并晋升为海军元帅军衔。

但是这件事情的深层原因并不那么简单，直接反映出了当德国高层之间的矛盾，也让人们看到了希特勒对雷德尔元帅这样传统德国军人不满的爆发。"冰冻三尺非一日之寒"，希特勒和雷德尔关系的恶化绝非偶然，双方一直以来就是合作关系而缺乏真正的相互信任。早在1933年前后，在纳粹党和希特勒攫取政权的过程中，以雷德尔为代表的德国海军出于打破《凡尔赛和约》的限制和重整海军军备的目的，对希特勒表示了支持，对纳粹党表示了认可和容忍。而在纳粹党执政以后，更是率领海军和其他武装力量一起向希特勒宣誓效忠，这在政治上对于希特勒的支持作用是不言而喻的。但是雷德尔到底还是一名传统型的军人，而德国海军更是在德军中以等级森严，重视传统而著称。而且德国海军在政治上还显得颇有"洁癖"。

与陆、空军相比，德国海军更有远离政治的传统，这种所谓的政治"洁癖"主要表现在：一方面雷德尔对纳粹党在德国海军中发展势力采取不支持不禁止的冷眼旁观的态度，而且对积极靠拢纳粹党的海军官兵有所冷遇，认为其有违不问政治的传统。另一方面，在礼节方面，德国海军整体上还是以海军传统的举手礼为主，当然对纳粹党的礼节并不禁止。雷德尔的种种看似消极的做法都与他对纳粹党在政治上持保留态度有很大的关系，这也在一定程度上对德国海军的发展产生不利的影响。

而且在1938年11月9~10日夜间纳粹党组织反犹太暴徒们对德国犹太

人进行攻击的"水晶之夜"（第二天街上到处都是被砸碎的玻璃，故被讽刺地称为"水晶之夜"）事件上，雷德尔作为海军总司令就这次暴行向希特勒提出了书面抗议。虽然此事不了了之，当时也没有对雷德尔本人和海军产生任何消极影响，但是可以想见，以希特勒的特性，不可能对此事轻轻放过而不做追究，他更可能是在寻找机会，当然后来为了笼络雷德尔和海军，希特勒还是在1939年的4月1日，将雷德尔晋升为海军元帅军衔。

抛开希特勒其人不用评论，单就雷德尔自己的这些政治行为来看，显得颇为幼稚和首鼠两端。为什么这么说呢？首先远离政治是不可能的。普鲁士军官团的传统就是干预和影响政治，当初德意志第二帝国的崩溃就是缘于基尔港水兵起义，海军也没有真正远离过政治，雷德尔远离政治的想法即便是真实的，也属于一厢情愿而已。其次，作为高级将领，已经宣誓效忠，却在政治上做若即若离状，这恐怕很容易被人看成是首鼠两端、预留后路的不忠诚表现。可能雷德尔只是对纳粹党的某些理念和做法不认同，否则也不会在犹太人的问题上公开和希特勒唱反调。

但是雷德尔恐怕没有看透希特勒。作为一个极端的民族主义者和一战失意的老兵，希特勒出身贫寒，一直挣扎于社会底层。他身上充满了对于这个社会和世界的戾气，所以一直对极其注重传统的普鲁士军官团和那些贵族出身的老牌高级将领充满了厌恶感，认为他们保守、傲慢、古板，缺乏激情和责任感。随着国防军的效忠，双方的政治分歧暂时搁置，但是不等于彻底解决了，希特勒对这些老牌将领们在战略上不能跟上自己的思维是相当不满意的，他们的谨慎被希特勒视作怯懦，双方的合作能够走多远只能视战局的发展而定了。从雷德尔对战争爆发的措手不及等反应来推断，希特勒显然对他更多的是利用，不可能与对戈林的信任相提并论的。那么对于海军的资源问题，也自然不会提到多么优先的位置，要想改善海军的处境，更多的指望只能是战绩了。那么从开战以来，德国海军的战绩又如何呢？

我们可以先来看看德国海军水面舰艇部队的战绩如何，为什么先看水面舰艇部队的战绩呢？因为这些大舰巨炮的战舰才是希特勒的最爱，雷德尔的崇尚呢！那个年代的人们就是这个认识水平，只认这些顶盔贯甲的大家伙。德国海军的整体实力在当时的各国中相对是比较弱的，整体吨位尤其是战舰（特指战列舰、战列巡洋舰、重巡洋舰）吨位肯定是要逊色于英、法、美、意、日这些海军强国。尽管整体力量不足，但是盘点一下当时德国海军的家底，那也是名舰辈出，可圈可点的，像"希佩尔"级重巡洋舰；"格拉夫·斯佩"号、"舍尔"号、"德意志"号（开战以后由希特勒下令更名为"吕佐夫"号）袖珍战列舰；"沙恩霍斯特"号、"格奈森瑙"号战列巡洋舰；甚至于"俾斯麦"号、"提尔皮茨"号重型战列舰，等等，这也都是赫赫有名、威震欧洲的一代名舰。虽然数量不足以和英国抗衡，但是单舰性能与英国同型舰相比，也是决不落下风的。那么从开战之初到雷德尔请辞的1943年1月为止，这些名舰的命运又如何呢？

"希佩尔"级重巡洋舰中的"布吕歇尔"号重巡洋舰战沉于1940年4月9日入侵挪威的行动中，首舰"希佩尔"号重巡洋舰前文已经说过，刚刚受到重创，在"希佩尔"级重巡洋舰中只剩下"欧根亲王"号重巡洋舰还完好无损，不过那是一艘核武器当场都炸不沉的船（被美军缴获后用于比基尼岛的核试验，没有当场沉没，在拖带途中翻沉），运气无船可以比肩的。袖珍战列舰中，"格拉夫·斯佩"号于1939年12月17日自沉于乌拉圭的蒙得维的亚港外。"德意志"号（开战以后由希特勒下令更名为"吕佐夫"号）曾经在挪威战役的过程中被击伤，前文也提到了该舰最后出击的落败。战列巡洋舰中，"格奈森瑙"号于1942年2月26日至2月27日，因英国皇家空军空袭，整个舰首结构被毁，经紧急抢修后，转入预备役大修。战列舰中，"俾斯麦"号战沉于1941年5月27日突入大西洋的"莱茵演习"行动中。

综上所述，我们已经可以比较清晰地看出德国海军水面舰艇部队的损失是相当惨重的，至于战绩方面，虽然也击沉了英国海军的"胡德"号战列巡洋舰、"光荣"号航空母舰，击伤"威尔士亲王"号战列舰等名舰，也对英国的海上交通线构成了相当的威胁，但是很明显，功过不能相抵。自始至终，德国海军的水面舰艇部队都没有能够成为在战略层面对英国构成威胁的海上力量，何况德国海军后来还策划了在战术层面成功，战略层面失败的"雷霆－瑟布鲁斯"行动（指1942年2月12日沙恩霍斯特级两舰和"欧根亲王"号重巡洋舰通过英吉利海峡经北海返回德国的战略调动），这次行动过程中，在战术上，德国海、空军凭借出色的组织称实现了事先的战术意图，将不可能的变成了一个传奇，这是德国海军在大战中最杰出的一次胜利，彻底羞辱了英国人；但从战略角度上看，这一撤退行动却使大型水面舰艇主动放弃了远洋破交作战的机会，尽管大西洋德国海军唱主角的依然是潜艇部队，但却使得英国皇家海军不用担心德国海军大型水面舰艇的威胁了，迫在眉睫的危险就此解除，英国海军用不着将大量的主力战舰刻意用于护航任务，从而可以腾出手转做更重要的行动，这对德国海军来说确实是一个巨大的战略失策。

从战争初期"斯佩伯爵"号装甲舰的肆虐，再到"柏林"行动的辉煌，最后到"俾斯麦"号在"莱茵"行动中战沉，德国海军在大战中的"外海巡洋作战"几经沉浮，从巅峰缓缓走向衰亡。这一切的一切都随着"瑟布鲁斯"行动的"胜利"化作浮云，一段徒劳却辉煌的历史岁月就此画上休止符。可以说德国海军的水面舰队作战到"俾斯麦"号战沉就已经以失败而告终了，长达两年的作战行动始终未能从战略层面威胁到英国，也就不可能对战局有什么根本性的改变。如果探讨败因，除了实力上的差距以外，战略战术层面的保守、陈旧是重要的因素，可以说德国水面战舰在单舰战术上还有可圈可点之处，在战略层面和海军的整体配合方面却都无法和英国海军相比较，邓尼茨对此曾经有过一针见血的评论："我们的海军就好像没有手也没有脚的残疾人……世界上找不出第二个国家会像我们的海军这么凄惨。"的确，就德国海军需要完成任务的艰巨性而言，这个评价恰如其分。战略问题希特勒几乎要负完全的责任，但是在海军战术层面的保守、陈旧，整体配合的缺失，对潜艇价值的忽视等具体问题上，雷德尔作为海军的掌门人就是难辞其咎的，因为当整体实力逊色于对手的时候，如果再没有创新的战略战术，再没有出奇制胜的谋略，那失败只会是时间问题。

"斯佩伯爵"号。一战后,由于受到《凡尔赛和约》的限制,德国建造了三艘德意志级装甲舰,其他国家海军界称其为"袖珍战列舰"。"斯佩伯爵"号是其中之一

斯佩伯爵号被英舰击中

雷德尔确实是一位极其出色的组织者，在德国海军崛起的过程中居功至伟，但是运筹帷幄，排兵布阵，出奇制胜这些对战时统帅的要求，就不是雷德尔的所长了。而雷德尔所短则恰是邓尼茨所长。最终随着大型战舰在海上的失败，希特勒对雷德尔失去了最后的耐心和信任。

根据雷德尔事后的回忆，希特勒首先是通过英国方面的广播得知德国海军大型战舰作战失利消息的，而当时德国海军的指挥官库梅茨将军还在保持无线电静默呢！希特勒大为恼怒，认为海军是有预谋地隐瞒他，这个话说得就很重了，如果他对雷德尔还有最起码的信任都不会做出如此判断。统帅部海军代表克兰克中将（战争爆发之初率领"舍尔"号袖珍战列舰独闯大西洋成功破交作战的功勋舰长）进行了解释，但是无济于事。希特勒在电话里要求雷德尔必须马上向他报告具体情况。雷德尔希望能够给自己一点时间获得准确的情况。就这样一直拖到了1月6日，雷德尔掌握了全部情况后，立即前往东普鲁士的"狼穴"觐见希特勒汇报情况，几乎耽误了一周！可以想见希特勒在等待的过程中心情已经差到了何种地步。因此，会见以后，希特勒直接宣称要拆毁所有的大型战舰，他认为这些舰只已失去军事价值。这当然是希特勒愤怒之下的口不择言。

结果，最悲剧的场面出现了：整整一个小时，也有记录是一个半小时，当着陆军元帅凯特尔的面，也当着速记员的面，希特勒狠狠地训斥雷德尔元帅！这让雷德尔感觉到尊严扫地。雷德尔认为"已经显示出他不满意我的工作，对我也没有信心了"。所以雷德尔默默地选择了辞职，希特勒冷静下来进行了挽留，但是雷德尔还是拒绝了，这样希特勒同意雷德尔延迟至30日卸任，在此之前选择好并推荐继任人选。

邓尼茨在接到电话 24 小时后，告诉雷德尔，自己的身体很健康，完全有能力接受海军的最高指挥权。1943 年 1 月 14 日，海军总司令雷德尔元帅向武装部队最高统帅希特勒递交了如下报告：

我的元首：遵照您的命令，关于选择我的继任人，我建议如下：我认为海军大将卡尔斯和海军上将邓尼茨最为合适，后者在战争中屡立战功，我曾三次予以优先提拔，晋级很快。海军大将卡尔斯（58 岁）在军官团中由于一些人先后解职而居于首位。根据他的人格和他在指挥作战以及其他方面（船舰型号，组织）的丰富经验，我认为他特别合适。由于军官虽立有战功，但不能越级提拔，所以任命卡尔斯看来不会有什么困难。邓尼茨也同样合适，任命他，有利之处甚为明显，即特别突出潜艇战对于战争的决定意义；不利之处则在于，任命邓尼茨上将为海军总司令后，他就不能像现在这样全力以赴地直接指挥潜艇战了。这一不利之处也许可以采取组织措施得到弥补。我的元首，谨请您据此做出决定。

我们至此弄清楚了事情的经过。确实是雷德尔和希特勒分别根据自己的意愿推荐和选择了邓尼茨来担任海军总司令。希特勒为什么选择邓尼茨？为什么要问这个问题？因为邓尼茨不仅从军衔到资历比卡尔斯海军大将都要低和浅，而且年龄上也小 6 岁呢，甚至比起当时他的不少同僚来，邓尼茨的资历都是偏浅的。这似乎在重视资历和等级的德国海军中就显得有些特别了，那么战功就是一个不能忽视的原因了。

截止到1943年春季，德国潜艇部队在对盟国商船进行的吨位战中，取得了哪些战果？根据英国海军历史学家罗斯基尔的统计，被潜艇击沉的盟军舰只计有：1939年：114艘，总吨位为421156吨。1940年：471艘，总吨位为2186158吨。1941年：432艘，总吨位为2171540吨。1942年：1160艘，总吨位为6266250吨。1943年（至5月止）：314艘，总吨位为1782628吨（在罗斯基尔的统计数字中，还包括由于所谓"原因不详"的其他船只损失数字在内，这也可能是为潜艇所击沉的）。因此，从1939年9月战争开始起至1943年5月止，被潜艇击沉的船只总数为2491艘，总吨位为12727910吨。英美两国在这一时期损失的商船共为4609艘，总吨位为18868206吨。其中有12727910吨是被潜艇击沉的。这个比例数字已经足以说明，潜艇对海战的命运有多么重大的影响。而且这些统计数字还只是潜艇击沉商船的数字。而在前文中我们也多次提到德国潜艇还击沉多艘包括战列舰在内的英国皇家海军的主力战舰。可以毫不夸张地说，在邓尼茨的统率下，当时德国海军的潜艇部队是唯一的一支能够在战略层面对英国构成威胁的海上力量，即便是从当时整个德国武装部队来看，说是唯一的一支力量也是不为过的。战局到了1943年，对于纳粹德国形势已经开始不太乐观，可以想象的是，希特勒会比任何时候都渴望胜利的消息，那么在当时水面舰艇部队的战绩显得比较"灰头土脸"的情况下，指挥水面战舰的卡尔斯海军大将在希特勒心里自然不会有多大的分量，希特勒重视并提拔邓尼茨也就在情理之中了。

  邓尼茨的战功在德国海军之中应该是无出其右者了，但是出任海军总司令一职不仅要军功高，威望还得高，才能掌控得了局面。那么邓尼茨本身的人品口碑又是如何呢？从1939年到1942年之间，在邓尼茨的同僚口中，是这么评价邓尼茨的："一个可授予最高领导职位的旗舰司令"，"一个可于日后担任舰队司令或海军总司令的军官"，"一个可提拔到最高领导职位的合适人选"，这些很高的评价均出自当时邓尼茨的上级——历任德国海军舰队司令：伯梅上将，施尼温德上将，吕特晏斯上将之口。这些评价都明白无误地表达了一个意图，那就是邓尼茨完全可以成为未来德国海军总司令的人选，德才兼备。关于邓尼茨的才能已经无须再多加赘述了，至于其人品如何，我们不妨看下面的一个例子，这是邓尼茨自己回忆录中提到的，关于他自己对于"水晶之夜"的态度："对于迫害犹太人的一些骚乱事件（水晶之夜），我们这些军官们毅然表示反对。在1938年11月9日事件发生后的第二天一早，我就赶到我的上级——舰队司令伯姆海军将军那里，并对他说，这种事件必将遭到主持正义的全体军官的一致反对。我请求他把这一意见转告给海军总司令，使总司令就这次暴行向国家领导提出申诉时，肯定会像我所估计的那样得到前线的支持。当时我是以海军上校和潜艇部队指挥官的身份以及全体军官的名义同舰队司令谈话的。"后人多以20世纪30年代德国纳粹党排犹之时，德国人是否反对来判定此人的人品和是否纳粹党化。

邓尼茨有上述个表现并不足为奇，他是国防军军官，受过正统的教育多年，尽忠职守是自己的本分，而且与纳粹党并没有什么过密的关系。作为一个海军军官，常年出海在外，本身受政治影响就小，而且邓尼茨醉心于潜艇作战战术研究多年，几乎无暇旁顾，对于纳粹党那套理论他并不清楚。邓尼茨当时还是一名中级军官，也不属于纳粹党急切拉拢的对象。

1943年1月30日，邓尼茨接任德国海军总司令，并于同日晋升德国海军元帅军衔。就任当天，邓尼茨发表就职演说：

按照元首的命令，我今天接过海军最高指挥权。我要对我一直领导的潜艇部队致谢，感谢他们时刻准备奋战到死的勇气和他们的忠诚。我将继续亲自指挥潜艇战。我将以同样坚定的战争精神统领整个海军。对于每一位海军人员，我期望你们能绝对服从，以极大的勇气奉献终生。正是在这些事情中我们缔造了我们的荣誉。团结在元首周围，我们决不会放下我们的武器，直到胜利，赢得和平。元首万岁！

随后这篇讲话还通过海军的埃尼格玛系统反复传播，这可就犯了密码使用的大忌，为盟军的密码破译提供了可参考的副本。这个结果恐怕就是邓尼茨始料未及的了。

在就任海军总司令以后，邓尼茨随即从巴黎迁到了柏林，入住了达勒姆城郊的一幢豪华的别墅。随即在夏洛滕堡建立潜艇司令部，任命弗雷德堡海军中将（2月1日就任潜艇部队司令并于当天晋升中将，4月1日晋升上将，5月1日晋升海军大将，就任海军总司令并在7日与盟军签署无条件投降书）为潜艇部队司令。将重要的参谋部人员安置在司令部附近的施泰因普拉茨旅馆，而其中的最重要人员是埃伯哈德·戈特（潜艇部队司令的参谋长，新晋海军少将）和京特·海斯勒。

邓尼茨在战争打到这种形势的时候接任海军总司令，注定了他接下来的人生之路走得不会一帆风顺。其实邓尼茨自己对这一点是相当清醒的，他自己在回忆录里是这么说的：

虽然我知道我所面临的任务很重要，也很艰苦，但仍为我的任命而感到高兴。我希望能随着我职务的提高，我的影响能力也有所扩大。在已往的战争年代中，作为潜艇部队司令的我不得不经常忍受我们的政治领导和国防军统帅部所坚持的大陆主义的态度，尽管雷德尔海军元帅多次进行规劝，但他们仍没有认识到英国是我们的主要敌人。海军没有及时和充分地得到为完成战争中举足轻重的作战任务所必需的兵力兵器。我打算改变这种局面。要达到这个目的只有一个办法，那就是我亲自对希特勒施加影响。光靠书面报告是不够的。在一些关键性的问题上通过在领袖大本营里担任要职的将军来反映海军的要求也是不够的，必须由总司令亲自出面来说明。根据以往的经验，仅仅满足于在希特勒那里做一次简短的汇报是不行的；应该长时间留在那里，直到一次汇报所产生的影响得到充分的巩固为止，这也是有必要的。此外，还得准备应付以后的反对意见，如有必要的话，有时还要反复恳切地阐明自己的观点，使其生效。事实证明，自由生动地表达自己的愿望是比较合适的，这样可以激发希特勒生动的想象力，而不是"仅触及他的表皮"。为了使那些为实施海上战争而必需提出的要求得以实现，我必须在工作上取得希特勒的信任，没有信任就根本谈不上给他施加足够的影响。要使他了解我，只有经常或间隔几天就到大本营去。我相信，我上任之后采用这种办法就能巩固我在希特勒那里的地位。

德国战列巡洋舰"沙恩霍斯特"号,在恶劣天气下航行

邓尼茨的想法听起来还是不错的,但是实施起来就不是那么顺利了。原因很简单,希特勒并没有忘记他那个关于拆毁大型军舰的计划呢,邓尼茨无疑是他认为的最重要的同盟军之一。结果海军总司令和元首最终也没有取得一致意见。邓尼茨回忆:"一开始我就遇到了麻烦。当我在1943年1月30日就任海军总司令的那天向他汇报时,他滔滔不绝地对我讲了为什么要大型军舰退役的问题。他讲完后,我对他说,我对我现在这一新的职务的使命还没有充分的领会。1943年2月8日,我看了一下大型军舰的退役计划,这个计划是我的前任拟订的。起初我对该计划没有提反对意见。但很快我发现有关大型军舰的报废问题必须重新研究。经过调查我认为,大型军舰退役,尤其是军舰报废需要花费劳动力和工业力量,这两者都不

会给人力和物力带来值得一提的好处。这些措施必然会在军事和政治上产生不良后果。"

邓尼茨为什么改变了主意呢？这跟雷德尔的努力是有关系的，在向邓尼茨移交工作时，雷德尔海军元帅再次指出：重型舰只在挪威海很可能仍有作战的机会，但在使用它们进行作战时切不可由于受到政治领导的束缚而加重它们的战斗负担，为了维护它们的声誉，不可冒险使它们蒙受损失。

无疑，邓尼茨对雷德尔是尊重的，对他的意见也是重视的。所以邓尼茨接下来的行动就是自然和顺理成章的：

因此，在我担任总司令以后，我立即着手研究这个问题。经过仔细考虑后，我认为雷德尔在其备忘录中所阐述的保留重型舰只的理由是令人信服的。因此虽然我起初反对继续使用大型舰只，但我还是在1943年2月中旬请舰队司令施尼温德海军上将及其参谋长海耶少将来柏林讨论这一问题。他们说，只要抓住有利战机，即使敌人的雷达搜索能力占有优势，我大型舰只还是可以作战的。到目前为止一直担任北方战斗群指挥官的库梅茨海军中将也持相同意见。他根据亲身的经验补充说，必须着手增加海军自己的航空兵部队，以支援按计划实施的海军作战行动。另外，战斗部队还需要有预先演习的机会。他认为战斗群成功地实施作战的条件是，它们的司令以后有必要摆脱各种政治约束。对此，我告诉他（指库梅茨海军中将），我准备大力支持他的要求，但他必须再次担负这支战斗群的指挥任务，因为他在指挥北方海区和战斗群的作战方面经验最丰富。

经过仔细考虑，并根据行家们关于大型舰只仍有作战能力的一致意见，我决定只让一些无作战价值的大型舰只退役，其余尚有作战能力并可用于人员训练的大型舰只则继续留用。根据这项决定，"希佩尔"号、"莱比锡"号和"科隆"号巡洋舰以及"西里西亚"号和"石勒苏益格-荷尔斯泰因"号旧式战列舰应退役。但我准备保留"提尔皮茨"号和"沙恩霍斯特"号战列舰、"欧根亲王"号和"纽伦堡"号巡洋舰及"吕佐夫"号和"舍尔"号装甲舰。"提尔皮茨"号和"沙恩霍斯特"号应与一些驱逐舰组成一个战斗群，以支援在挪威的抗登陆作战，并在适当时机在挪威海袭击驶向俄国的运输队。其余舰只则在波罗的海进行训练，如果当时局势不需要它们参战的话。这个计划基本上与雷德尔海军元帅的观点和想法是一致的，正是这些观点和想法导致了他被解除职务。

经过了接近一个月的多方工作和深思熟虑，1943年2月26日邓尼茨向希特勒做了上述计划的汇报。邓尼茨简单明了地向希特勒解释了不能同意他的命令的理由，并请求希特勒撤销这道命令。希特勒万万没有料到邓尼茨这个一向要求大力支持潜艇战的前潜艇部队司令会有这种态度。希特勒十分恼怒，但最后还是愤愤地同意了邓尼茨的请求，并下了逐客令。

这次汇报后的一段时间内，邓尼茨曾怀疑，自己担任海军总司令的日子是否能长久。但很快邓尼茨发现，反对希特勒的结果完全不像自己所想的那样。希特勒竟对邓尼茨异乎寻常的客气，这种态度一直保持到1945年4月底。希特勒喜欢用军衔来称呼邓尼茨，而不用别的。当着邓尼茨的面他从没有打破这个惯例，也没有改变这种态度。由此看来邓尼茨在希特勒心中的位置不是一般的重要，虽然希特勒非常不习惯于被违拗和顶撞，但是对于邓尼茨而言，还是破例接受了，因为他重视邓尼茨的战功，重视邓尼茨的潜艇部队，欣赏邓尼茨的作战能力。而且邓尼茨是潜艇部队司令，跟水面舰艇部队不但没有私交和人情，而且还存在着一种竞争关系。如果说执行希特勒的命令，于公于私别人也都不能非议什么，现在反而不同意希特勒的命令，要保留大型战舰，这显然是出于公心，这个地方就让人格外地尊重邓尼茨的人格，所以希特勒对于邓尼茨针对此事的顶撞和抗命也就不去计较和追究了。

尊重归尊重，希特勒毕竟是独裁者一个。根据邓尼茨的回忆，在此之后，如果邓尼茨顶撞他，他也照样发火，也照样不给邓尼茨好脸色，而且最重要的是，他不允许邓尼茨过问海军以外的事务，也就是不允许任何人染指他的最高权力。不过邓尼茨性格强硬，只要是涉及海军事务，即便是希特勒也照样顶撞。他这个海军总司令比雷德尔做得扬眉吐气。邓尼茨在回忆录中有多处涉及他与希特勒之间的分歧与争执：

在向希特勒做了首次汇报后，我仍然遵循我的原则：在他的面前开诚布公，不隐瞒海军的弊端或失误。例如，我曾毫不犹豫地直截了当地向他谈了我对潜艇战的忧虑。1943年5月当潜艇战崩溃之际，我丝毫没有受到希特勒的责备。此后不久，在一次大规模的形势讨论会上，有人向他报告，说一艘重要的油船在达达尼尔海峡附近被英国潜艇的鱼雷击中，这艘油船是从黑海驶往被我占领的希腊途中遇到潜艇的。希特勒怒气冲冲地说："当然，英国的潜艇是能做到这一点的，可是我们的潜艇在直布罗陀海峡却一无所获！"当时我站在他的对面靠近地图处，周围约有20人，都是国防军的首脑人物。这时我立即用强硬的语气答道："我的领袖，我们的潜艇必须与世界上最强大的海军作战。假如我们的潜艇也能像英国潜艇在达达尼尔海峡前方海域那样如入无人之境的条件下作战，那么它们起码也会取得同样的战果。我派往直布罗陀海峡的都是一些地中海优秀的艇长，他们比英国人要能干得多！"由于我的回答措辞激烈，当时整个会议厅鸦雀无声，希特勒面红耳赤十分尴尬，但即刻就恢复了平静，并对那位向他报告情况的约德尔将军说："请说下去！"我对希特勒的这种评语十分恼火，随即离开了会议桌走到窗口旁。当讨论会结束的时候，我走在后面，但希特勒走到我面前，用亲切的口吻问我，是否愿意与他共进早餐，我表示同意。他把戈林、凯特尔和约德尔打发走后，只留下我一人。

我之所以这样详细地描述这一次争论的场面，是因为我觉得这件事对事业带来了重要的后果。此后，希特勒再也没有干预过海军的事情。他似乎相信我会尽力而为的，对我可以信得过。当其他人向他提出对海军的建议或要求时，或在他面前以某种方式指责海军时，他经常这样回答："海军元帅一定会尽快按要求去办的！"这种关系的逐步发展，大大方便了我对海军的领导。但是，这种关系对我的地位也带来了反作用，使我面临其它军种和帝国当局的非难。

戈林喜欢在希特勒面前指责其他军种。他的这种行为给我的前任雷德尔元帅带来不少困难。当雷德尔移交最高指挥权告别希特勒时，为了助我一臂之力他对希特勒说："请您在戈林面前支持海军和我的接班人。"很快我觉察到了戈林所耍的手腕，那就是经常把其他军种的失误当作头条新闻不切实际地告诉希特勒，结果我与他之间发生了冲突。最激烈也是最后一次的冲突发生在一次大的形势讨论会上。会议一开始戈林就报告，德国的快艇在英吉利海峡沿岸的某港受到英国飞机轰炸，损失惨重。造成这次事件的原因很可能是海军的快艇没有分散隐蔽，为了图舒服"一股脑儿"地集中在一起。我立即反唇相讥："我不允许您抨击海军的事，元帅先生，您最好还是去关心关心您的空军吧，那里够您忙乎的。"顿时会议室里死一般的寂静。后来希特勒要求那位做报告的军官继续讲下去才打破了这种沉闷的空气。这次讨论会结束后，又出现了与第一次同样的情况：希特勒有意挑逗性地留我吃早饭，而与戈林握手告别。打这次后，戈林再也不敢像上次那样指责海军了。他似乎也打算与我和解，这次冲突后短短的几天他出乎意料地给我送来了用钻石做的航空兵徽章，但是我觉得对于这种姿态我无法回敬。

我在希特勒面前仍然坚持我的坦率而坚定地表达自己观点的原则。在好多情况下我曾讲过："我这个海军总司令可能干不长了。"希特勒曾命令，凡是与瓦解国防军战斗力有关的刑事案件均应交给人民法院处理。但由于我的抵制，这项命令对海军来说等于无效。只有在海军中，由于我的反对，才使得1944年委派的民族社会主义指挥官没有对部队的指挥活动产生多大影响。遇到诸如此类的事情，我总为海军做出特殊的规定。1944年7月20日以后，希特勒不再邀我与他共餐。我只能在大庭广众中见到他，与他说说话。但他对我的亲切态度仍一如既往。由于在工作上我幸运地得到希特勒对我的信任，从而使我能为海军争取到他的许多支持。凡是海军装备方面需要的物资，一般都能如愿以偿，虽然当时正在进行的轰炸要求德国工业生产力大大超过前几年。限制每个负责人的职权范围是希特勒的原则，与海军无关的问题他从来不问我，更谈不上征求我对这些问题的意见。

实际上我想关心一下其他方面的事情也是不可能的。因为从1938年以来不再举行内阁会议，我只好要求在其他部门的首脑向希特勒汇报情况时我能参加旁听，或者能得到这些报告的文字材料。但这两种办法都行不通。因而我对职权范围以外的一些主要问题缺乏系统和足够的了解。由于不了解情况我对这些问题无法进行客观的判断，因此我在希特勒面前除了过问少数的特殊情况外，无法过问我职权范围以外的事情。凡是我对这些问题提的建议，总是被希特勒用相反的理由加以驳斥。这主要是我对事情缺乏全面的了解，不得不同意他的理由。但是，这种对我的任务范围的限制，并不能打消我作为海军总司令想经常了解整个军情的愿望。要实现这一愿望，经常性地参加大本营召开的大的军事形势讨论会是很有必要的。

就这样邓尼茨开始了自己作为海军总司令的军旅生涯。盟军从他的就职演说中嗅出了浓浓的火药味，他们对此开始感到不安，推测邓尼茨可能要发动新一轮潜艇攻势了。从实际情况来看，他们的推测也对也不对，对的是邓尼茨确实是要发动新的一轮潜艇攻击浪潮了，不对的是在新一轮的攻势中不仅包括了潜艇，还包括了邓尼茨好不容易说服希特勒保留下来的大型战舰。现在不管盟军是否做好了准备，都要去面对和迎接邓尼茨即将发动的海上全面进攻浪潮！

再掀狂潮

和盟军推测的节奏不太一样的是，邓尼茨就任海军总司令以后，没有马上发动进攻，而是先要把海军内部的关系理顺。这当然是为了能够更好地组织海军新的攻势，邓尼茨担任海军总司令后，首先必须立即决定，是保留海军主要指挥机关的原班人员不变，还是重新加以任命。雷德尔海军元帅向邓尼茨移交工作时和他谈到的许多问题之一，便是对一些已在和平时期和战争时期长时间服役的海军高级军官的看法。雷德尔劝邓尼茨对人员进行部分变动。这样的变动对于精简海军领导机关也是有必要的。

同时海军人员的变动也有按照战争形势考虑的因素，如果按照1943年3月以前领导机关的组成，舰队司令部不是直接隶属于海军总司令部，而是隶属于它所在地区的集群司令。集群司令有权在指定海域内对舰队、掩护兵力、潜艇和在战术上配属给海军的空军兵力实施作战指挥。也就是说，集群司令负责实施他所在地区的总体海上战争。这种组织形式对实施协同作战是需要的，但1943年初的海上战争形势已使协同作战不再可能。于是北方集群司令部和舰队司令部被合并成一个机构，舰队司令施尼温德海军上将兼任"北方集群"总司令。

促使邓尼茨进行人事调整，想让年轻人担任领导职务的另一个原因是，作为海军总司令的他在资历上要比当时担任下属机构领导职务的部分海军将领浅得多。这可能会让邓尼茨在指挥这些人作战时，遇到意想不到的麻烦，毕竟经验主义和摆老资格有可能会是老前辈们常见的毛病。尽管在评价卡尔斯、伯姆海军大将及登施、舒斯特尔和马沙尔等海军将领的功绩时，邓尼茨肯定都怀着肃然起敬的心情，而且其中有些人还是他私交不错的老朋友，但是邓尼茨认为出于人们不难理解的各种原因，还是将部分年轻人选拔至海军领导部门。除了上面提到的更换北方集群的领导以外，他还任命克兰克海军上将为西方集群（法国和比利时）总司令，弗里克海军上将为南方集群（爱琴海和黑海）总司令，弗尔斯特海军上将为北海海军总司令部总司令，西利阿克斯海军上将为挪威海海军总司令部总司令。在此之前，弗里克海军上将一直在海军总司令部里担任海战指挥部参谋长。现在这一职务由迈泽尔海军中将接任。后来的战争进程表明，邓尼茨这种用年轻的将领"接班"的做法还是达到了预期目的。

随着海军内部人事关系的逐渐调整理顺，邓尼茨元帅的精力更多地集中到了指挥作战上来。但是此时此刻战争的天平已经开始向盟国方面倾斜。从整体来看，苏德战场上斯大林格勒战役刚刚落幕，德国第6集团军全军覆没；北非战场上盟军刚刚于1942年10月发动了阿拉曼战役，12月发动

"火炬行动"在北非登陆，隆美尔的非洲军团面临两面夹击的困境，前途堪忧。

具体到德国海军，除了潜艇部队的战绩鹤立鸡群之外，其他各兵种都是乏善可陈，至于大型水面舰艇简直就得用一筹莫展、坐困愁城来形容其窘境了。德国的两个盟友日本和意大利的日子也不好过，轴心国集团的各成员基本已经自顾不暇，至于相互的配合已经是一种奢望了。

鉴于战局如此，邓尼茨也不得不努力调动手中的全部力量奋力一搏了。当然在这些力量当中，被邓尼茨寄予厚望的，甚至于盼望其能够力挽狂澜的还是非潜艇部队莫属。当时德国的潜艇兵力分布情况是这样的："到1943年1月前线作战潜艇的数量分别为：大西洋64艘，地中海24艘，挪威海21艘，黑海3艘。"即便是这样的兵力规模，邓尼茨依然感觉兵力严重不足：

在1942年潜艇战战果最大的那个月，大西洋潜艇部队平均每艘每个出航日的击沉率为220吨。人们还记得1940年10月每艘潜艇每个出航日的击沉率反而是920吨。这有力地证明两大海上强国的反潜力量已发展得多么强大。这是我们预料之中的经过3年的战争之后必然的发展趋势。由于我们预料到肯定会出现这种趋势，潜艇部队指挥机关在战争期间曾多次敦促有关部门尽快建造大批潜艇。现在要取得像战争头几年那样的战果，就必须投入比当时多3倍的潜艇。因劳动力和原料不足，新潜艇的建造速度和数量一时还上不去。所以对我来说，如何尽量经济地使用现有兵力是相当重要的问题。

可见邓尼茨在精细的兵力计算背后透露出的是多么的无奈。因为大西洋那么广阔的水域，仅仅就依靠64艘潜艇是不可能覆盖全部战区的，更何况还要每日面对盟军立体化的、数量日益庞大的反潜兵力，而如果有水面舰艇和海军（舰载）航空兵的配合，兵力捉襟见肘的情况不仅可以大为改观，而且恐怕战场的主动权也要易手了。通过前文我们已经清楚地知道，此时此刻德国在大西洋上只剩下潜艇这单一兵种来对抗盟军的诸兵种合成作战了。虽然挪威战区的潜艇主力也加入大西洋作战了，但是单一兵种和多兵种之间的实力差距岂是数量可以弭平的，更何况德国潜艇还没有数量优势！

20世纪40年代，大西洋潜艇作战的艰难困苦不是常人可以想象的，邓尼茨描写道："北大西洋狂风大作，白浪滔天。……风暴连续不断，势不可当，给潜艇的活动带来了极大的困难。夜里看不到星光，航行特别困难。各潜艇阵位之间常常产生很大的间隙，要想系统地搜索敌舰船是不可能的。即使偶尔与敌船遭遇，天气也大大限制了武器的使用。陆地上的人们可以想象一下，1943年1月在大西洋上风暴呼啸、恶浪滔天的气象条件下潜艇艇员特别是舰桥上的值更官们处境是多么艰难。用皮带牢牢拴住的艇长和指挥塔上的瞭望哨，不仅要忍受怒吼的海浪对潜艇劈头盖脸的冲击，还得冒着被卷入漩涡的风险。在诸如此类的情况下，潜艇只能偶尔取得一些小小的战果。"读到这里，作者建议去观看描写大西洋U艇作战的电影《从海底出击》。

对于德国潜艇部队这种费力不讨好的窘境，邓尼茨深表理解，并进一步解释并说明了原因：

但是天气条件并不是1943年1月头两个星期里找不到所要打击的4支护航运输队的唯一原因。在这个月里我们有这样一种印象,即英国护航运输队对以往保守的做法已有所改变。英国人似乎又采用了规避航线,让他们的护航运输队分散在广阔的大西洋上。显然护航运输队又变得灵活机动了。我们在指挥所里每天标绘出"潜艇配置图",标出的潜艇位置与敌人根据观察和无线电报告而对我潜艇配置情况可能做出的估计一样。然后我们问自己:敌人对潜艇的这种配置将会做出何种反应?我们考虑,敌人护航运输队要么改变航线绕道而行,要么敌人料到我们的潜艇会根据敌规避机动情况而转移阵位时,它径直进入了我潜艇原来的配置海区?

英国巡洋舰"谢菲尔德号"为运往苏联的军用物资担任护航

邓尼茨所表达的困惑背后的现实就是：在北大西洋，由于风暴和盟军采用规避机动战术，德国潜艇部队在打击护航运输队的战斗中最初未能取得较大的战果。但是就在邓尼茨就任海军总司令以后，德国潜艇所掀起的再一轮狂潮比人们想象的快得多的速度迅猛降临了。

根据相关的战史记载：2月1日U-465号潜艇（艇长泰歇尔特海军上尉）正在前往新艇群途中，发现了从加拿大开往英国的HX-224护航船队（当时在其附近只有5艘潜艇，尚没有组成一个战斗群，而且多数潜艇位于护航运输队的西面，这样它们只好尾随在护航船队的后面，要赶上的话起码要好几天），尽管当时海上风急浪高，但U-465号仍连续3天保持着与船队的接触，并伺机发动攻击，先后击沉2艘运输船。而闻讯赶来的4艘潜艇中只有U-632号击沉了1艘掉队的油轮，其他潜艇均因风浪太大而无法取得战绩。U-632号救起了一名被击沉油船上的海军军官，从他的口供中得知不久就有一支大型船队将沿同一航线驶来，同时空中侦察也证实了这一情报。

邓尼茨根据这一情况，立即着手调兵遣将，组织一场大规模的围歼战，把同一海区里的所有潜艇都集中起来编成一个"箭"潜艇群，向西迎面拦截盟军护航船队。为此先后调集了"箭"艇群的13艘潜艇和"双刃剑"艇群的7艘潜艇，德军潜艇张网以待的正是从加拿大开往英国的SC-118护航船队（德国人从截获的无线电报中得知，这支护航运输队于1月24日离开纽约，装载着一批极贵重的军用物资驶往摩尔曼斯克，现正在驶往北海峡的途中）共有63艘运输船，护航兵力为3艘驱逐舰、4艘护卫舰和1艘驱潜快艇。

2月4日，位于"箭"艇群巡逻线中央的U-187号潜艇发现了船队，但其发出的无线电报告被船队护航军舰的高频测向仪确定了位置，随即遭到2艘护航舰的协同攻击，被一举击沉。同一天，德军4艘企图接近船队的潜艇都被护航舰驱走，只有U-262号从船队警戒圈的空隙突入，击沉1艘运输船，U-413号则击沉了1艘掉队的运输船。2月5日傍晚起，德军潜艇再次逼近船队，但此时船队又得到了刚从冰岛赶来的2艘驱逐舰和1艘驱潜快艇的支援，将潜艇驱走。

2月6日黄昏时分，德军潜艇就发起了攻击，有2艘潜艇遭到重创，其余潜艇则都被护航舰驱走，没有取得战绩。午夜后，U-402号终于从船队警戒圈的缺口闯入船队航行队形，大开杀戒，一连击沉了6艘运输船。U-614号则击沉了1艘掉队船只，护航舰还以颜色，击沉了U-609号潜艇。

2月7日，由于护航军舰的全力保护，德军潜艇只击沉了1艘运输船，U-624号被英军反潜飞机击沉。2月8日，盟军岸基航空兵加强了空中掩护，击伤了德军U-135号潜艇。考虑到空中掩护逐渐加强，再要取得战果必将付出更大代价，所以邓尼茨下令结束了对该船队的攻击。

此次护航战中德军潜艇击沉了13艘运输船，共约6万吨。在参加作战的20艘潜艇中，有15艘遭到深水炸弹攻击，被击沉3艘，击伤3艘。

这场战斗的艰苦性令双方都感觉刻骨铭心，都留下了总结性的文字成果。邓尼茨是这样总结的："这次很可能是这场战争中最艰难的打击护航运输队的战斗。我们应该向日夜战斗在寒风凛冽的大西洋上的各潜艇艇员和艇长们表示敬意。在连续4夜的紧张战斗中，艇长不能离开舰桥，他们顷刻之间所做出的决断往往关系到艇员的命运。在潜艇刚摆脱深水炸弹的追击后，艇长又要下令让潜艇重新上浮，再次向敌发起攻击，重新突入犹如满身长刺的刺猬一样的护航运输队的警戒圈内，而且胜负难料。这一切对艇长来说是多么艰难，需要做出多大的克制，这是难以估量的。"

英国人是这样介绍战斗过程的："我海空掩护兵力进行了猛烈的战斗，敌四分之三的潜艇受到深水炸弹的攻击。"而且他们是从这次战役中得出了如下结论：

我们方面懂得了，在白天即使用远程飞机对护航运输队实施长时间的掩护，也无法阻止某些潜艇接近护航运输队和在漫长的冬夜对护航运输队实施攻击。显然，"堡垒"式和"解放者"式远程飞机必须尽快地装备"利式灯"。虽然这支护航运输队有非同寻常的庞大兵力作掩护，但损失还是很严重。在总结这次作战的经验教训时，我们感到这种损失是一种令人不安的因素。由于美国从冰岛派出了增援兵力，在敌潜艇实施攻击的高潮阶段，在这支护航运输队的周围我方甚至有12艘作战舰艇，相当于平时护航兵力的一倍。但是这些增援兵力并没有充分发挥作用，因为它们平时缺乏猎潜方面的训练。从那时开始我们懂得了训练要比护航舰艇的数量更为重要。另外一个教训是，像这样一次时间较长任务艰巨的战役要耗费大量的深水炸弹，因此，商船也必须携载备用深水炸弹。然而更为重要的是，我们认识到，当护航运输队的掩护兵力受到袭击时，支援群的增援是多么重要，用霍顿海军将军的话来说，它们对"实现真正的安全"具有生死攸关的作用。

这些结论不久就产生了作用，盟军方面及时对反潜兵力的装备和战术进行了升级改进，这对以后的战争结果和进程产生了不可估量的影响。

2月17日，U-69号潜艇（艇长乌尔里希·格雷夫海军上尉）在惊涛骇浪中在纽芬兰以东海域发现一支向西航行的ON-165护航运输队。德国的2艘潜艇悄悄地紧随船队达2天之久，击沉其2艘商船。但是由于大雾、风暴和无线电干扰，邓尼茨无法派遣其他潜艇前往战场。2艘潜艇面对强大的护航兵力过于薄弱了一些，U-69号与U-201号潜艇（艇长罗森贝格海军中尉）一同被盟军"名望"号和"子爵"号驱逐舰击沉。这两艘驱逐舰在1942年10月就击沉过德国的2艘潜艇。这两艘驱逐舰所取得的新战绩更坚定了霍顿海军上将的看法，即训练和经验比数量更为重要。

对邓尼茨来说，损失2艘潜艇才换取2艘商船，代价太大了。他不无伤感地指出："潜艇艇长们在这几次打击护航运输队的战斗中所付出的是两次世界大战中潜艇战史上最大的代价。"

2月20日，活动在大西洋中部海域的德国"矿工"艇群发现了从英国开往美国的ON-166护航船队，该船队共有49艘运输船，由5艘护卫舰和2艘驱潜快艇护航。附近海域的德军"骑士"艇群10艘潜艇闻讯走赶来，准备参加攻击。2月21日，护航舰在反潜水上飞机的支援下，击退了多艘企图接近船队的潜艇。只有U-92号接近并攻击了船队，击伤了2艘运输船。2月22日，8艘德军潜艇与船队发生接触，但大都被护航军舰驱走，只有2艘潜艇实施了攻击，击沉了4艘运输船，德军U-606号潜艇也在攻击中被击沉。2月23日，护航船队的队形已经混乱，只有2艘护卫舰和1艘驱潜快艇在掩护船队本队，还有1艘护卫舰则在船队后面掩护着部分掉队的船只，这样使德军潜艇有了可乘之机。德军数艘潜艇实施了协同攻击，共击沉4艘运输船。黄昏前后，已有8艘潜艇赶来，准备在夜间大显身手。护航船队司令果断改变航向，摆脱了德军潜艇的追踪，使船队本队在23日夜间没有遭到攻击。2月24日，尽管德军潜艇又再次发现船队，但船队得到了从纽芬兰起飞的岸基航空兵的空中掩护，还得到了2艘驱逐舰的加强，船队因此未遭损失。2月25日，德军3艘潜艇同时突破船队警戒圈，几乎同时发起攻击，但战果甚微，仅击沉了1艘运输船。随后潜艇遭到了护航舰的压制，遂失去了与船队的接触，也就结束了对ON-166护航船队的攻击。此次保交破交战，德军潜艇在纵横达1100海里的广阔海域连续进行了5天5夜的攻击，共击沉14艘运输船，计8.5万吨，而仅有2艘潜艇被击沉（U-606号和U-225号）。

2月间，德军共有3个艇群，总共42艘潜艇活跃在大西洋航线上，对多支护航船队实施了攻击，取得了击沉63艘运输船共计35.9万吨的战绩。在这场战斗中，"海狼"们获得的全胜让邓尼茨的心情多少好了一些。当然邓尼茨不知道的是，"海狼"们在下个月还将会给他带来更大的惊喜！

邓尼茨为人精明细致，在情报工作领域他的直觉也是相当出色的。经过几次战斗失败后，邓尼茨组织人员进行了彻底调查：即盟军是否从德国的潜艇部署中发现了什么情况。如果盟军识破了部署意图，发现了潜艇的搜索队形并通过绕道航行来使之无效的话，那么作战方案和措施再好也无济于事。邓尼茨和他的部下很清楚，在德国占领的法国地区的潜艇基地内很可能有错综复杂的敌间谍网。一个出色的敌情报机构必定能随时随地掌握潜艇在各港口的分布情况，以及潜艇出港和返航的日期，甚至能掌握敌潜艇将要驶往的那些海区的详细情况。为了尽量杜绝任何泄密事件，德国人经常反复地检查保密规定。而且经常反复检查潜艇无线电密码的可靠性，总司令部内海军情报部门的领导每次得出的结论都是，盟军无法破译德军的密码（可悲的盲目自信害人害己）。

名噪一时的埃尼格玛密码机。二战期间，邓尼茨潜艇战术的成败，都与这台看似简单的机器有莫大关系

德国"无线电侦收部门"（B机关）屡次破译盟军的密码。所以邓尼茨和潜艇部队指挥机关才有可能，不仅掌握英国的无线电通信情况和他们对护航运输队下达的命令，而且在1943年1月和2月偶尔还能得到英国人所掌握的德国"潜艇部署"方面的情报。该情报是英国海军部发给海上护航运输队指挥官的，其中包括盟军发现的德国潜艇在各海区的实际或推测的配置情况。

这个有关"潜艇部署"的情报为德国查清敌人是如何得到己方潜艇或多或少近似正确的情报提供了有价值的材料。调查的结果是："除2~3次情况不明外，英国的情报是根据他们获得的有关潜艇位置的线索对潜艇运动进行推测，再加上逻辑推论而得到的。最重要的调查结果发现，敌人很可能利用机载雷达查明了德国潜艇的准确配置，从而使护航运输队成功地采取规避机动战术。"于是德国人得出结论：盟军是通过远程机载雷达掌握己方的潜艇配置的重要线索的，然而德国却没有可靠而有效的办法应对。

为了至少能给盟军搜索德国潜艇造成困难，1943年3月5日邓尼茨下令，潜艇一接到敌搜索雷达脉冲后立即下潜30分钟。但邓尼茨自己也清楚这个规定只是一种应急措施，其效果是很成问题的。更悲剧的是德国人怀疑的方向已经对了，就是密码被破译的问题，结果结论居然是错的，这对于邓尼茨来说才是最成问题的呢。而且当时，邓尼茨的海军没有任何可供使用的航空侦察兵力，而盟军的霍顿海军上将却摸清了德国人的底，对此德国人一直不知道。第二次世界大战中，德国在没有空军支援的情况下实施海上战争，这在当时是落后于时代潮流的，可这又是一个邓尼茨无能为力的死结。

即便面对如此棘手的烦心问题，进入3月之后，德军潜艇的好运还是又来了。3月6日，U-405号发现了从加拿大开往英国的SC-121护航船队。邓尼茨接到报告之后，立即调集26艘潜艇前往攻击。由59艘运输船组成的SC-121船队，在1艘驱逐舰、3艘护卫舰、1艘驱潜快艇和1艘救生船掩护下，正与大西洋上的狂风恶浪搏斗，很多船只在风暴中掉队。U-405号在发出发现船队的报告后不久就被护航军舰驱走，闻讯赶来的2艘潜艇继续与船队保持接触，并发动了攻击，击沉1艘运输船。3月7日，大西洋上不仅风力达到10级，还夹杂着雪雹，天气非常恶劣，德军6艘潜艇虽然都接近了船队，却因风大浪急无法实施攻击，在船队后面救助被击沉船只幸存者的1艘运输船被击沉。3月8日，风暴逐渐平息，有4艘在风暴中掉队的船只被击沉。3月9日，日落前后，8艘潜艇接近了船队，但都被反潜飞机和护航军舰驱走。天黑后，3艘德军潜艇借助夜幕掩护突破了船队的警戒圈，先后击沉了4艘运输船。3月10日，盟军再次派出2艘护卫舰前来增援。船队也逐渐驶近冰岛，德军潜艇才停止了对船队的攻击。德军在对SC-121船队的攻击中，共击沉了13艘运输船，计6.2万吨，德军潜艇无一损失，可谓是一次完胜的破交作战。

对SC-121船队的攻击还未结束，3月8日德军侦察机就在北大西洋上发现了从加拿大开往英国的HX-228护航船队，该船队共编有60艘运输船，护航军舰为4艘驱逐舰和5艘护卫舰。3月5日起美军由"博格"号护航航母和2艘驱逐舰组成的支援大队也与船队同行，作为增援力量。

邓尼茨获悉发现船队的情报后，立即调集了13艘潜艇组成代号"处女地"的艇群，前往攻击。此外还有5艘潜艇也从附近海域赶来参战。3月10日晚起，德军潜艇接连对船队实施了攻击，先后击沉4艘运输船。德军U-444号潜艇被护航舰击沉，U-757号则被击伤。3月11日上午，德军U-432号潜艇击沉了船队司令所在的运输船，但U-432号也随即被护航舰击沉。中午后德军潜艇数次企图接近并攻击船队均未得逞，德军的攻击遂告结束。

此次护航作战中，盟军继"大胆"号护航航母为船队护航后，再次开始使用护航航母为船队在岸基航空兵无法到达的海域提供空中掩护，"博格"号由于一直在船队中间航行，难以实施灵活的机动，未能充分发挥出其作用，导致了船队遭受了不必要的损失。但是随着护航航母的大量使用，潜艇对船队的攻击就显得越来越困难。

德军潜艇所取得的很多战果都归功于德国海军代号为B机关的密码破译机构的杰出工作。因为很多护航船队的行踪都是根据B机关密码破译的情报被发现的，如3月初的HX-228护航船队之战，德军B机关破译有关船队航线的密码，随即调集潜艇前往截击，德军侦察机发现船队，引导部分潜艇前来攻击。

3月13日，德军B机关破译了SC-122船队改变航向的电报，邓尼茨立即在船队新航向前方组织力量，总共调集了"掠夺者"、"攻击者"和"逼迫者"三个艇群共计37艘潜艇组成三道巡逻线，以实施截击。邓尼茨的精心计划被大西洋上的狂风恶浪所摧毁，德军潜艇因受风暴阻碍，还来不及到达预定巡逻线，SC-122船队就已安全通过了巡逻线所在海域，

HX-229船队也已通过了两道巡逻线海域。3月16日清晨，因发动机故障而返航的U-653号幸运地发现了HX-229船队，便立即向邓尼茨报告，邓尼茨马上命令附近海域的21艘潜艇火速赶来。当天下午"掠夺者"艇群的8艘潜艇发现并接近了船队，夜幕降临后对船队实施了集群攻击，先后击沉8艘运输船。同一晚，"攻击者"艇群又发现了SC-122船队，由于该船队护航力量雄厚，并大都装备高频测向仪，德军潜艇难以接近船队，只有2艘潜艇实施了攻击，击沉4艘运输船。3月17日，邓尼茨获悉在大西洋上同时发现两支船队（总数量超过110艘），便命令当时在大西洋上的3个艇群共计37艘潜艇悉数投入攻击。由于当天英军从冰岛起飞了3架"解放者"反潜机为SC-122船队提供了有力的空中掩护，共发现了11艘潜艇，并对其中6艘实施攻击。在这11艘与船队保持接触的潜艇中，除U-338号潜艇外，其余潜艇都被护航舰和反潜飞机驱走，U-338号也受到护航舰的压制，无法实施水面攻击，只得在水下进行了鱼雷攻击，击沉了1艘运输船。同一天，德军潜艇还对HX-229船队进行了攻击，同样由于盟军岸基航空兵的有力掩护，大多数德军潜艇都被驱走，只有3艘潜艇借助夜色掩护实施了攻击，先后击沉了3艘运输船。3月18日，德军潜艇由于受到盟军航空兵的强力压制，失去了与HX-229船队的接触。因此都赶来集中围攻SC-122船队，但在英军反潜飞机和护航舰的协同反击下，参战的30余艘潜艇只有9艘能接近船队，最终只有U-221号和U-666号进行了攻击，取得击沉3艘运输船的战果。3月19日，由于英军岸基航空兵的出色掩护，只有1艘掉队的运输船被击沉。3月20日，英军反潜飞机将所有与船队保持接触的潜艇全部驱走,并击沉了 U-384 号潜艇,邓尼茨见船队离冰岛越来越近,空中掩护的强度也逐渐加强,如果继续强行攻击,必会遭受更大的损失,便下令停止攻击。

此次护航战,是二战期间德军最大规模潜艇破交战之一,尽管德军潜艇在后期遭到了反潜飞机和护航舰的有效压制,但是仍取得了巨大的战绩,总共击沉 21 艘运输船,计 14 万吨,仅损失 1 艘潜艇。

卡萨布兰卡会议现场

盟军自战争爆发以来一直采取的护航船队体制在此次护航战中受到了挑战,几乎船队中每一艘运输船都遭到过潜艇的攻击,而且损失占船队的 21%!一直以来被认为是对抗潜艇最有效的护航船队体制开始受到质疑,不少人认为护航船队已经无法对付德军的狼群攻击战术,主张放弃这一方法。3 月,德军共击沉 108 艘运输船,共计 62.7 万吨,几乎已经彻底切断了英国与美洲的海上联系。不过,这个月取得的辉煌战果也是德国海军在与盟军护航船队的作战中取得的最后一次重大胜利。

就在盟军开始感到绝望的时候，转机也同时降临了！由于1943年1月卡萨布兰卡首脑会议的各项措施逐渐得到落实并发挥作用，1943年3月，大西洋护航会议在华盛顿召开，盟军决定集中统一使用反潜兵力，其中英国和加拿大负责北大西洋上的护航，美国负责中大西洋和美洲海岸的护航。

英国研制出新型的厘米波ASV-III雷达，这种雷达保密代号为"硫化氢"，不仅性能大为提高，甚至能够发现海面上的一个罐头！它所发出的雷达波段是德国"比斯开湾十字架"无法接收的，这样德军潜艇就无法及时下潜躲避打击。

盟军还采取了其他措施：改进舰载声呐和高频测向仪，以准确测定潜艇位置；加紧生产对潜艇威胁极大的反潜"刺猬弹"、机载航空火箭弹、反潜自导鱼雷等新型武器；战略空军加强了对德军潜艇基地、修理船坞和生产厂家的轰炸，为炸毁坚固的潜艇洞库还特别研制了重达5吨的超级炸弹；加大密码破译的投入，以掌握潜艇的动向；合理组织岸基远程反潜飞机和舰载反潜飞机，扩大航空反潜力量，消除大西洋上的"黑窟"（指护航兵力不能覆盖的海区）；改进护航船队的兵力配置，优化运输船队的运量调配，以节约兵力增加运量；在对德广播中实施心理战打击德军潜艇部队官兵的士气，等等。在所有措施中最重要的是建立了反潜战斗群，又称反潜支援大队或反潜特混舰队。反潜舰队总司令由英国海军上将马克斯·霍顿勋爵担任，他足智多谋，坚毅果敢，是与邓尼茨同样出色的潜艇战专家。反潜战斗群由护航航母、驱逐舰、护卫舰等军舰组成，这些军舰上均配备最先进的探测设备和威力最强劲的武器装备，武器、雷达、声呐等部门的骨干均是一些经验丰富的老手。他们不担负护航任务，其使命只有一条，那就是消灭德军潜艇！这种攻击性反潜手段彻底改变了过去盟军的防御性反潜手段，易守为攻。这些措施逐渐开始发挥作用之后，1943年3月以后德军潜艇再也无力对抗，邓尼茨纵然使出浑身解数也再无回天之力。和整个的第三帝国的国运一样，对德国海军潜艇部队而言，从1943年3月以后，大西洋争夺战也经过转折点而急转直下，邓尼茨也不得不明知不可为而为之了。

相关链接：

"千里独行侠"——德国海军Ⅸ型大型潜艇

由早期不完善的Ⅰ型潜艇发展而来，1937年开始建造，共283艘，以Ⅸ-C型为例，主要性能指标：水上排水量1120吨，水下排水量1232吨，艇长76.8米，宽6.76米，吃水4.7米；水上最高航速18.3节，水下最高航速7.3节，水上最大续航力24800海里（10节），水下最大续航力117海里（4节），最大下潜深度230米；动力：两台M9V4400马力柴油发动机和两台SSW500马力电动机；武备：为6具533毫米鱼雷发射管（前4后2），105毫米、37毫米炮各四门，20毫米炮1门；可携鱼雷22条或者水雷44枚；柴油165吨，最大自持力60天，艇员48~56人。Ⅸ-C型潜艇属于大型潜艇，其最出色的性能是续航力极大，而且内部空间充裕，武器和给养数量充足，可持续作战能力强大。但凡事都要一分为二来看，巨大的排水量和外部尺寸赋予了这型潜艇优越的续航力，但同时也就造成了它与生俱来的弱点：灵活性差，机动性差，下潜速度慢。尤其是最后的弱点是致命的软肋。所以该型潜艇没有能够像Ⅶ型中型潜艇一样，成为潜艇部队的主力作战艇型，而且其数量也要远低于后者的709艘的总数。德国海军主要是用Ⅸ型大型潜艇作为远程巡航之用，像针对美国的"击鼓"作战行动中，就是这种潜艇作为主力，也创造了不少惊人的战绩。还有部分该型潜艇，以日本占领的东南亚为基地，和日军潜艇在印度洋上展开联合作战行动。

"海上补给站"和"奶牛"——德国海军 XI-V 型补给潜艇

XI-V 级潜艇是以 IX-D 级潜艇作为基础设计的运输潜艇。1940 年开始在基尔建造了 10 艘，到第二次世界大战结束之时，此 10 艘补给潜艇全被盟军反潜兵力所击沉。主要性能指标：艇长 67.1 米，艇宽 9.35 米，吃水 6.5 米；水面排水量 1695 吨，水下排水量 1963 吨，燃料量 203 吨 +423 吨（补给用），最高航速 14.9 节（水面），6.2 节（水下）；动力装置为两台总功率 3200 马力的 F46 柴油发动机和两台总功率 750 马力的 SSW 电动机；最大航程：以 10 节在水上可航行 12350 海里，以 4 节在水下可航行 55 海里；武器装备：4 枚鱼雷（补给用），2 门 37 毫米口径炮和 2 门 20 毫米口径炮；乘员：53~60 人。XI-V 级潜艇艇身相对比较肥大，外形比较丑陋。负责为其他 U 艇做补给，能一次为 4~5 艘Ⅶ型中型潜艇补给燃料、鱼雷和食物等物资，故纳粹德国海军称此潜艇为奶牛，该艇不具备作战能力，但是带有储存生鲜食品的冷库和制作新鲜面包的面包房。其补给能力是一大特色，比较有效地提高了Ⅶ型中型潜艇的持续作战能力，但是这也反映出德国海军没有海外基地和远洋补给船的困境。

下篇
心无力 独木难支大厦倾

在这场战争的全过程中，大西洋战役自始至终一直是整个战争的主导因素。我们一刻都不能忘记，不论在陆地、在海洋、在天空或其他任何地方发生的一切，都最终取决于大西洋战役的结果。我们在关注所有其他事务的同时，总是怀着希望或担忧，密切注视着大西洋上变化万千的战争风云。那个可怕的、从不间断的苦难历程——我们经常处于极度的困境和挫折中，而且总是面临着无形的危险。最终偶然和戏剧般地走上了光明的大道。

——英国战时内阁首相温斯顿·丘吉尔

日薄西山

1943年，邓尼茨元帅率领德国潜艇部队度过了战果辉煌的3月之后，情况就发生了很大的变化。首先是潜艇部队自身状态的变化。实际上从3月下旬起，在大西洋上活动的德军潜艇因连日战斗，燃料、补给消耗将尽，官兵也疲惫不堪，因此陆续返回基地进行补充和休整。截至4月最初的一周里，留在大西洋上的德军潜艇数量很少，其中"奶牛"补给潜艇仅1艘。而且又加上这段时间里，大西洋的恶劣天气加剧了，1943年4月狂风暴雨特别多，为数极少的潜艇也难以对船队实施有效攻击。对于邓尼茨而言，除了潜艇部队状态下降和天气恶化这些不利变化之外，盟军的作战模式也在发生变化。从4月起美军大大增加了远程岸基反潜飞机的数量，仅"解放者"反潜飞机的数量就从3月的20架增加到了40架。

4月中旬起，随着大批潜艇经过补充和休整后再度出海，北大西洋上又集结起空前数量的潜艇，邓尼茨满怀信心，准备再创3月那样的辉煌战绩。但在各次反护航队的战斗中，战绩却不令邓尼茨感到满意，4月15日，德军U-262号潜艇发现了从美国开往英国的HX-233护航船队，邓尼茨随即调集附近海域的7艘潜艇前往攻击。此次护航战，同盟国损失1艘运输船，但也击沉了1艘潜艇，单从数量上看，双方是打了个平手，不分胜负。但实际上德军潜艇加上艇上训练有素的官兵，其价值要远比运输船大得多，因此可以说德国潜艇战颓势已经初现。SC-126护航船队根据情报机关卓有成效的密码破译工作，改变航向避开了德军21艘潜艇组成的"山雀"艇群，安全抵达目的地。

4月20日，德军远程侦察机发现了HX-234护航船队。U-438号潜艇在追击该船队的时候，又发现了ON-178护航船队，HX-234船队和ON-178船队共损失了5艘运输船，但德军也付出了2艘潜艇被击沉的代价。德国潜艇部队战绩平平的原因，除了因为海面上突起风暴，还夹杂着雪雹，攻击条件不具备以外，盟军岸基远程航空兵的空中支援也逐渐增强，而且船队还得到了水面军舰的加强，护航力量更加雄厚，这也都是潜艇部队战绩不佳的重要原因。

统计下来，在整个4月，德军潜艇只击沉了56艘运输船，吨位也下降至32.7万吨，只相当于3月的52%！而损失的潜艇却达到15艘之多。到了4月下旬，尽管德军潜艇已经遭到了很大损失，但仍在大西洋上集中了60艘潜艇进行破交作战。双方就在这种艰苦卓绝的苦战中一直跨进了5月份。

从1943年4月底到5月初，邓尼茨在北大西洋布置了4支潜艇队用来攻击护航队。邓尼茨也多少估计到，潜艇作战群将有可能被雷达探测出来，但他还是这么部署了，这是因为邓尼茨觉得这时潜艇布阵的海域比过去大得多，盟军想绕过去就更加困难。此外，如果邓尼茨自己能够尽可能迅速地变换潜艇侦察地带的位置，也能够使得被德军侦察到的盟军船队难以躲避。

这样，从4月底到5月初，大西洋上的又一场激烈的战斗爆发了。4月28日，U-650号在格陵兰以东海域发现了ONS-5护航船队，该船队辖有42艘运输船，由2艘驱逐舰、5艘护卫舰和2艘武装拖网渔船担任护航。到了5月4日一早，在船队周围和前方航线上，参加伏击的德军潜艇多达41艘！从5月4日夜间潜艇发起攻击到5月6日上午9时许，邓尼茨命令停止对船队的攻击为止。ONS-5船队在德军潜艇的轮番攻击下，被击沉12艘运输船，计5.7万吨。而德军潜艇被击沉6艘，击伤4艘。可以说德军潜艇损失惨重，这场二战中规模最大的潜艇破交战以德军潜艇的惨败而告终。邓尼茨认为这是潜艇部队在破交的战斗中第一次遭到如此巨大的损失。尽管取得了一定的战果，但邓尼茨却把这次战斗看成是一种失败。

至于对失利原因的分析，邓尼茨在1943年5月6日的作战日志中描述道：

大约在夜幕降临前两小时，突然起雾了，雾气愈来愈浓。这天晚上的大好时机成了泡影，几乎所有的潜艇又都失去了跟踪目标。凌晨4时，终于又发现了护航队。假如在6个小时以后才起雾，那肯定将会有更多的船只被击沉。雾气腾腾使我们失去了这些大好时机。没有一艘潜艇取得较大的战绩。

仅在这大雾弥漫期间，就有15艘潜艇挨到了深水炸弹；其中6艘在雾中突然遭到装有雷达的驱逐舰的大炮袭击。毫无疑问，由于没有反雷达的设备，潜艇处于毫无成功希望的劣势。

通过他的说法，可以基本弄清楚，邓尼茨把失利的原因归咎于狂风暴雨的天气所造成的视线模糊不清，还有就是潜艇无法对付盟军的雷达。邓尼茨认为这是潜艇在这次反护航队的战斗中遭到如此重大损失的原因。他认为潜艇在雾中是睁眼瞎，而配备了雷达的驱逐舰，却能在荧光屏上清楚地找到在水面行驶的潜艇位置。

从邓尼茨的作战日志中可以看出，他对目前继续进行的潜艇战是深感忧虑的，潜艇的夜战优势正在丧失，他缺少能够和盟军雷达抗衡的手段。但是另一方面，他还是觉得这次失败有偶然的因素，天气不好是重要因素。邓尼茨既没有认识到雷达的重要性，更没有认识到盟军合成作战的巨大威力。他需要时间来让自己的认识更加接近于事实的真相，但是这对于德国的潜艇部队而言，将意味着付出更加惨重的代价！

直到1943年5月中旬，在另一次战斗惨败以后，邓尼茨才完全弄清楚原因，对德国潜艇部队来说，形势已发生了根本的变化。5月8日，德军B机关破译了英军密码电报，获得了HX-237和SC-129船队航线的情报，邓尼茨据此命令活动在大西洋上的多艘潜艇组成集群发动攻击。但是开始并不顺利，直到德军B机关再次破译了英军密码，获悉了船队11日的预定到达位置，邓尼茨随即调整部署，并再次命令潜艇攻击。从5月11日至14日，在对HX-237船队和SC-129船队的攻击中，德军先后有11艘潜艇进入攻击。结果同盟国共损失5艘运输船，计2.9万吨，而德军潜艇损失却相当惨重，共有5艘被击沉，1艘被重创。这次战斗充分显示了水面舰艇和岸基航空兵、舰载机协同反潜的巨大威力，护航航母及其舰载机逐渐开始在护航战中发挥出越来越大的作用。此战之后，邓尼茨进行了深刻总结：

今天我们才知道，当时敌人的反潜力量已发展得非常强大。英国人准备已久的护航航空母舰在3月份已投入使用。航空母舰的出现终于弥补了北大西洋上空无空中掩护的"空白"。使英国护航运输队始终处于飞机的掩护之下。

与此同时，敌人在战场上投入的"支援群"也越来越多，每个支援群由4~6艘猎潜舰组成，一般由英国海军的一名上校实施指挥。这些舰只都经过协同反潜战术的严格训练，其任务是，加强护航运输队的护航力量，以对付潜艇对护航运输队的攻击。当它们一旦发现潜艇时，即离开护航运输队，拼命地跟踪潜艇，直到把它消灭为止。而原来的护航舰只在这种情况下一般不敢恋战，否则就无法执行其直接护航任务。

第三个关键性的因素是，敌人在大西洋战役中用于对付德国潜艇的"超远程轰炸机"的数量增多，这使敌人在潜艇战方面获得了优势。

邓尼茨总结的潜艇失利原因较之前次有了根本的突破，也确实是抓住了问题的要害。但是还有当时邓尼茨不知道的原因，像护航军舰利用装备的雷达、高频测向仪和声呐等设备能抢先发现潜艇，军舰的火炮、深弹和新型的

"刺猬弹"攻击力又强,一旦命中对于潜艇造成的损伤极大。德军潜艇作战由潜艇司令部直接指挥,但潜艇只要使用无线电进行联络,就会暴露位置,随之就将遭到攻击,其优势已荡然无存。盟军还开发了新型的装备,如磁力探测仪器、航空音响自导鱼雷和声呐浮标,其中的声呐浮标,使用时由飞机空投,由浮在水面上的无线电发射机和水下的声呐组成,声呐由电缆与水面的无线电发射机相连,浮标落水后,无线电发射机自动将声呐接收到的信号发射出去,反潜飞机用专门的接收器接收,从而能有效侦听到潜艇的行踪,最巧妙的设计是浮标工作4小时,电能消耗完后海水会将浮标的可溶活塞腐蚀掉,随即海水大量涌入浮标使之沉入海中,以免被德军获得;航空音响自导鱼雷,被盟军官兵们称为"闲逛的安妮",根据潜艇发动机的噪音自动追踪目标,直至命中,当然由于是全新的武器系统,性能还不完善,尤其是当潜艇低速航行时,由于发动机噪音小,音响自导鱼雷就无法发现目标,这也使其效果打了折扣。

整体来看,5月份盟军共有50艘运输船被击沉,损失吨位仅26.4万吨,而德军潜艇则损失惨重,被击沉潜艇达41艘。因此5月被德军潜艇部队称为"黑暗的五月"。5月24日邓尼茨在日记中写道:"到目前为止,我们的损失已经到了无法容忍的地步。"5月活动在大西洋上的德军潜艇共有118艘,作战中损失高达41艘,战损率达34%。

在此之前,德军每损失1艘潜艇可以击沉运输船10万吨,而在5月每损失1艘潜艇只能击沉0.64万吨。面对如此严峻的局势,邓尼茨只得于5月23日下令潜艇部队全面撤出大西洋航线,南下至危险性较小的亚速尔群岛附近海域,待技术条件成熟之后再重返大西洋。这就意味着邓尼茨曾经引以为豪的"吨位战"和"狼群战术"已经失败。到此为止，继水面舰艇部队的巡洋作战失败之后，潜艇部队的破交作战也走到了穷途末路。

力挽颓势

从1942年到1943年这两年的时间,对于德国来说,毫无疑问,是从波峰走向波谷的过程,德国在斯大林格勒的失败给德国整个战略形势带来的是决定性转折的开始。德国所面临的将是最恐怖的两线作战的窘境。海上强敌不列颠不但未能降服,反而有渐强之势,陆上劲敌苏联也是愈挫愈勇,没有休兵罢战的意思。德国事到如今已渐入引火烧身之局。

对于邓尼茨而言,这是大喜大悲的时段。虽然他个人在1943年1月升任海军总司令,并晋升海军元帅,对于一名军人来说,已经达到军旅生涯的巅峰。但是接下来,5月间潜艇战的崩溃,令邓尼茨面临着前所未有的困境。在这以前,邓尼茨的潜艇战遏制了欧美两个海上强国的海上运输。但是到了1943年5月,局势已经明朗化了。两个海上强国的反潜措施已完全超过了德国潜艇的作战斗实力。到1944年夏天,英美成功登陆诺曼底,之后顺利地在法国开辟了进攻德国的第二战场之后,对德国人来说,最后输掉战争,几乎已确定无疑了。这从感觉上简直就是冰火两重天的经历，怎么能不让邓尼茨五内俱焚，身心俱疲。

1943年5月以后，摆在邓尼茨面前的是一个无法回避的问题，德国的潜艇部队的任务怎么安排？简单一句话概括：打还是不打？平心而论，潜艇战在当时已无成就可言，那么要不要完全停止？如果继续打下去，潜艇部队的巨大损失是意料之中的，为了避免这种损失，邓尼茨就不得不从一切海域撤出所有潜艇。但是这个决心并不好下，邓尼茨是骑虎难下，左右为难。也就是说，一方面关系到成千上万部下的性命，潜艇不比水面舰艇，一旦战沉于水下，全艇几十条生命全军覆没，几乎没有逃生的可能。邓尼茨本人潜艇出身，又曾亲临战场，对此中凶险是心知肚明。何况他爱兵如子，在军中据说有"老爹"之誉。他本人也不是冷血的纳粹党人，不可能忍心让部下去无谓牺牲性命。但是另一方面，邓尼茨又是位高权重的总司令，对局势的了解也非一般军人可比，对于这个问题邓尼茨不能不反问自己：如果停止潜艇战，将对德国整个战局产生怎样的后果？战争已经打了4年了，范围也已经扩大到全球范围，即便是停战也不可能是单方面能决定得了的，即便是德国潜艇不再打了，盟军能不追着潜艇打？即便是邓尼茨把潜艇都撤回港口，盟军能不追到港口接着炸？所以德国潜艇是不是继续，邓尼茨不能单方面做主，这涉及双方是否停战的问题，但德国想不想停战邓尼茨说了不算，德国就算是想停战，德国现在也说了不算，还得看盟军的态度和条件呢！那么盟国对德国的政策又是什么思路呢？

邓尼茨回忆："在1943年至1945年的战争年代里，盟国对德政策的总方针是：无条件投降，消灭我们的工业，支付几十亿的赔款，把劳动力运往俄国，不允许再有德国政府，就是说，德国人民没有任何权利，由战胜国来统治，分割德国，也就是说，把我们的国家、我们的人民和我们的前途完全拱手交给敌人。总之，这个总方针使得我们除了继续战斗之外，根本就没有任何其他的选择余地，因为，有哪一个人，当他的敌人对他说'如果放弃战斗，躺倒投降，我就你割成四块，并对这四块任意加以处置'，会乖乖地躺下呢？有哪一个人会自愿屈服于这一要求呢？在这一战争时期，德国人民也同样处于这种局面，尽管他们已认识到不再可能取胜。这就是我们当时的处境。"

邓尼茨的上述认识并非空穴来风。1942年1月1日，世界26个国家的代表齐集华盛顿签署《联合国家宣言》，各签字国在宣言中宣布：保证运用军事和经济的全部资源同与之处于战争状态的轴心国及其仆从国家作战；相互合作，不与敌国单独缔结停战协定和和约。这已经非常清楚地证明了当时德国所面临的形势就是如此，何况美国人还有一个战后处置德国的"摩根索"计划呢，该计划准备：将德国分割为南北两个国家；将德国的机器拆卸后运往盟国，使德国的经济退回到100年前德国农民的水平；采取及时、仔细、有控制地驱除出境和移民到北美、南美和大洋洲的方法，将德国的人口控制在2000万人以下，从而使其不能继续威胁欧洲安全。实际上若不是战后美苏冷战的形势所迫，德国所受的处置恐怕与"摩根索"计划不相上下。盟国在当时当然没有可能给予德国和邓尼茨停战的余地，那么德国的战局和潜艇战的前景又是如何呢？

在邓尼茨的记忆里：

德国的局势是严重的。我们陆军不得不在各条战线上坚持艰巨的防御战。德意志帝国本土上的空袭有增无减。

敌人为潜艇战所迫，只得把船只编队航行。这就意味着，为了达到同一效率，编队航行要比这些船只按照各自的最快速度单独航行多耗费全部运输力量的三分之一（见丘吉尔1940年12月8日给罗斯福的信）。这些时断时续的进出港口的船队装卸，意味着严重地耽误时间；而维修这些船只，需要拥有一个庞大的造船和装备体系以及巨大的造船能力。此外，英美要保护护航队的安全和监视海域，必须使用强大的防卫力量即数百艘驱逐舰、护航舰、护卫舰和数百架飞机，以对付德国潜艇。这就意味着大大消耗军用物资，大大消耗用于维修这些军舰和飞机的民工和巨大的物质力量。

但如果我们停止潜艇战，那么所有这些力量就会腾出来用在同我们作战的其他地方。

这样，这数百架飞机就不再会在大西洋的所有海域上空飞行以防御潜艇，而是载着炸弹去轰炸德国的城市。德国平民也就因而会遭到不可估量的额外损失。在停止潜艇战之后，那些不需再战斗的潜艇人员难道能眼看着死亡的不断增加——其中也有妇女和儿童的死亡——而说什么现在这一切都必须忍受吗？

再不然，如果我们停止潜艇战的话，英美将用这数百艘驱逐舰、护航舰和护卫舰去干什么呢？这时我们的敌人将能够完全切断我们在北海和通往挪威的沿海交通。那么，我们在挪威的靠德国供应补给品的军队就无法生存下去。

还有：为了在波罗的海赢得对我们的制海权，丘吉尔肯定会用这些腾出来的海军部队去夺取波罗的海的入海口。这是丘吉尔早在1939年9月战争爆发后4天，在他当上了海军大臣后，就对英国海军部讲过的夙愿。因为他很清楚地认识到波罗的海对我们的意义。对此，他在他的回忆录第1卷第368页、414页上写道："我对海上战略形势的见解，在我进入海军部的时候就大体形成了。控制波罗的海，是敌人生命之所系。来自斯堪的纳维亚的给养，瑞典的铁矿砂，首先是保护不设防的漫长的德国北部海岸——有一处距柏林还不到100里——免遭俄国的侵犯，这一切都迫使德国必须掌握波罗的海的制海权。

继续进行潜艇战，除了邓尼茨从战局和潜艇战的作用考虑之外，还有一个他不愿明言的原因，那就是邓尼茨并未彻底丧失潜艇战的信心。德国潜艇击沉了盟国大量船只，所以，尽管英美加紧赶造商船，但其手头能供使用的吨位还是不断地减少。即使1943年5月起潜艇战不能再取得重大的战果，但盟国新造商船的数量直至1943年7月以后才超过其损失的数量。正是这一点让邓尼茨觉得尽管希望渺茫，但是还是可以坚持下去，而且邓尼茨还想通过采取措施，改进旧式潜艇，并以最新型的潜艇投入大西洋战役，继续使海军重整旗鼓。当然何时能实现这一点，海战是否还能及时地取得成功，这在1943年邓尼茨也完全没有把握。

位于俄勒冈州波特兰的俄勒冈造船厂,夜以继日地赶造舰船,美国巨大的生产潜能将邓尼茨的海上攻势消弥于无形

经过反复思考并得到参谋部的一致同意之后,邓尼茨于1943年5月底做出决定:"出于万不得已,我们必须继续战斗。我们不能把潜艇从战争中撤出来,不能眼看至今一直由潜艇战承担的重担一股脑儿推到其他武装部队和德国居民的身上,以致带来难以估量的巨大损失。为了尽可能减少牺牲,潜艇战不应完全停止,而应以适当的方式(单艇小规模)继续进行下去。即使潜艇战不能完全克服当前的困难,不能再取得以往那样的胜利,但仍然必须全力进行潜艇战,因为潜艇战能使敌人消耗比我们多几倍的战争力量或牵制住敌人数倍于我们的力量。……潜艇战同我们整个的战略形势紧密相连,休戚与共,具有决定性的意义。"命令下达后,邓尼茨还亲自去了海军的潜艇部队视察。

邓尼茨检阅德国水兵

到了1945年,潜艇战对海军来说,已经不是主要任务了。由于德国整体的败退,潜艇港口、训练场所丢失,德国海军也不可能迅速和大量地建造、使用潜艇,因此海军不再起任何决定性的作用。这时海军的主要任务是集中在跨海支援东线,把难民、伤员和士兵送回西方。为此,作为海军总司令的邓尼茨采取了相应的行动,尽可能地把海军从北海和挪威海域撤出,用来为在波罗的海的运输护航。邓尼茨还要求希特勒把尚可使用的商船归他管辖,因为现在海军必须把它们的船只尽可能编入护航队,在战舰的保护下统一行动,从西到东,周而复始地往返行驶。同时,邓尼茨还要求希特勒委托他有权调配德国北部全部的煤和燃料,以保证对舰队和商船队在波罗的海海上航行的燃料供应。

从 1945 年 1 月 23 日到 1945 年 5 月，德国投降为止，邓尼茨指挥海军为商船护航，成功地越过波罗的海把总数达 200 多万的难民、伤员和士兵运到了西方。这些航行是在同英、美、苏三国的飞机和苏联的潜艇、快艇作战的情况下以及在布满水雷的航线上进行的。尽管其中几艘船只被击毁，造成了比较大的伤亡，但 90%的海上运输船只还是安全地到达了西方港口。这也是邓尼茨在海军总司令的任内为德国做的最后一件事情了，因为他的身份很即将发生重大变化。

末代元首

当战争进行到 1945 年 4 月,德国的形势可以用"四面楚歌"来形容。英、美、苏三国的战线愈来愈接近德国中心地区。希特勒意识到德国可能会被盟军分割成北部和南部两个地区。为了防止意外,他下令任命邓尼茨为德国北部最高司令官。4 月 22 日,邓尼茨在德国北部非军事区的行使命令权生效。因此,4 月 30 日晚上,邓尼茨的副官送来了柏林元首地下避弹室海军绝密电码拍来的电报,电报全文如下:

邓尼茨海军元帅:元首任命您,海军元帅阁下,为他的继承人,以代替前帝国元帅戈林。任命状现在途中。您必须马上采取适应当前形势需要的一切措施。鲍曼。

邓尼茨恐怕不知道,这个日子意味着希特勒在预备后事了,战败以后混乱的德国这块烫手的山芋就扔给邓尼茨了。不管知道不知道，毫无疑问，邓尼茨还得马上接受这项任务。

向英国人投降是邓尼茨打算结束战争的方案的第一个步骤。1945年4月30日晚，邓尼茨向共事多年的老同僚戈特海军少将吐露了心声："结束吧！这场英雄之战已经打够了。保护人民的财产，停止无谓的流血牺牲。为拯救人们——士兵和平民——免遭布尔什维克主义的统治而继续与东方作战。特别要考虑到在梅克伦堡的难民、在勃兰登堡的文克集团军和在保护国（指捷克斯洛伐克）的舒埃纳尔集团军群；要在易北河畔劳恩堡继续作战，以便让卢卑克与劳恩堡之间的大门敞开。"然后邓尼茨在4月30日晚约请冯·弗雷德堡海军上将于5月1日从基尔到普伦来。打算委派其作为德方代表与英国司令谈判，并尽早地告诉他此行的任务。这是邓尼茨在4月30日晚所做出的关于人事关系方面的第一项指示。

接着还是4月30日晚，邓尼茨让副官打电话给希姆莱，请他当天晚上前来会晤，遭到了拒绝。于是邓尼茨又亲自打电话邀请。当天夜里12点钟左右，希姆莱在6名武装党卫队军官的陪同下来见邓尼茨。

邓尼茨日后回忆道：

海军作战部领导人迈泽尔海军上将也担心我会同希姆莱发生什么争执，他事先就派遣防卫汉堡的一艘潜艇上的全体士兵到普伦来保护我，因为我在那里的营房里工作一直是无人警卫的。希姆莱跨进了我的工作室。在此我想说一点历史事实：当时我把手枪放在写字台上一张拱起的纸下面，打开保险，准备随时射击。我将当晚希特勒拍来的电报给他看。希特勒在这份电报中指定我为他的继承人。他读了电报,脸色发青,然后站起来鞠了个躬,对我说:"请让我在您的国家里当个第二号人物吧!"我明确地拒绝了他的这一要求。经过长时间的谈话之后,他没讲一句要反对我的话就灰心丧气地走了。我松了一口气,尽管我不能完全肯定希姆莱是否还会反对我。这就是我当晚所做的第二个人事安排。

可以看出,作为正统的国防军军官,邓尼茨对希姆莱及其他领导的党卫队之间,彼此都非常的"不感冒"。

第三项人事安排是,邓尼茨命令武装部队最高统帅部长官和参谋总长凯特尔陆军元帅和约德尔将军从来因斯贝格到普伦来。他要了解军事形势,以便能做出正确的决定。

第四项人事安排是,委托自己的副官打听冯·牛赖特男爵的下落,想让这位德国前任外长来担任自己的政治顾问。但是,没有找到牛赖特。不过邓尼茨拒绝了里宾特洛甫当外交顾问的自我推荐。而是转请担任财政部长的施威林·冯·克罗西克伯爵担任新政府的外交部部长并代理帝国政府首脑。邓尼茨的这些措施都是为了与西方媾和作准备的。

1945年5月1日早晨,邓尼茨又收到了柏林帝国总理府发来的第二份电报。电文如下:

海军元帅邓尼茨(元首密令):遗嘱已经生效。我将尽快到您那里去。在我到来之前,我建议您不要发布这一消息。鲍曼。

邓尼茨从"遗嘱已经生效"这句话中推断，希特勒已经死了。邓尼茨认为必须立即就把希特勒已死的事实和他的继承事宜告诉全体德国人民。主要是要防止发生混乱局面。所以他于当天在一篇广播讲话中向德国人民宣布：

元首指定我为他的继承人。在这命运攸关的时刻，我意识到自己的责任，因而接受了这一领导德国人民的重任。我的首要任务是拯救德国人，使其免遭向前挺进的布尔什维克敌人的消灭。为此目的，军事战斗还要继续进行下去。只要英国人和美国人阻挠这个目的的实现，我们也就不得不对他们继续进行抵抗和同他们继续作战。但是，在这样的情况下，英美两国的继续作战已不再是为了他们本国人民的利益，而完全是为了在欧洲散布布尔什维克主义了。

接着邓尼茨于1945年5月1日向德国武装部队发布命令：

元首指定我为他的继承人和武装部队的最高统帅。我接受德国武装部队各军种的最高指挥权，决心把反对布尔什维克的战争进行到正在战斗的部队和德国东部地区的数十万户家庭能够摆脱奴役和毁灭为止。只要英美还在阻挠我们进行反布尔什维克的斗争，我就得把战斗进行下去。

在这些命令中，邓尼茨直接表明了反布尔什维克的态度，企图以此来拉拢西方，分化瓦解盟国。邓尼茨当时最担心的是在德国武装部队内部服从命令的义务问题以及由于希特勒之死而产生解除誓约的问题，这样直接就会产生混乱局面，而要求士兵做出效忠于邓尼茨的正式宣誓，事实上是不可能的。尤其是陆、空军的部队，更是不可能。5月1日，邓尼茨在命令中告诉德国士兵：

我要求大家遵守纪律，服从命令。只有无保留地执行我的命令，才能避免混乱和毁灭。今天谁要是逃避责任而给德国妇女和儿童带来死亡与奴役，谁就是懦夫和叛徒。你们中间的每一个人对于元首的宣誓效忠，从现在起就得对我——元首指定的继承人——效忠。

得益于德国的传统，邓尼茨借助希特勒稳定局面的意图还是基本实现了。

但是形势发展得更快。5月2日，柏林战役宣告结束。同时，邓尼茨决定将自己的大本营从普伦迁往弗伦斯堡（就设在邓尼茨当年的母校里）。在5月3日午夜前不久，弗雷德堡在同蒙哥马利会谈以后回到了弗伦斯堡－米尔维克，面见邓尼茨汇报这次会谈的主要结果。他带回的消息是蒙哥马利没有拒绝局部投降，这让邓尼茨感觉他同西方实行了停战，重要的是还为把部队和难民从东方撤退到西方赢得了时间。

蒙哥马利元帅郑重告知德国海军上将汉斯·冯·弗雷德堡，德国必须无条件投降

对于蒙哥马利在谈判中曾要求把丹麦和荷兰划入投降区域之内和在投降区域内交出战舰和商船的要求——尽管对后一个要求不是很情愿——但是邓尼茨还是同意了。他知道自己没有更多的选择，假如拒绝蒙哥马利的这个要求，局部投降就不可能实现。在同蒙哥马利签订的投降协定生效的情况下，邓尼茨就同意把幸存的德国战舰交给了英国人。而后邓尼茨下令：地球上各个海域内的潜艇战于5月4日中午停止，目的是旨在尽快地结束与西方的战争。5月4日，邓尼茨又派弗雷德堡作为全权代表到蒙哥马利那里去签署投降书。于是当天晚上，德国北部区域向英国陆军局部投降，同时包括荷兰和丹麦的投降，并于5月5日早晨8时起生效。邓尼茨自己感觉停战的第一步已告成功，他无须把德国士兵和居民交到俄国人的手里了。

德国海军总司令冯·弗雷德堡代表德国海军签署投降书

　　弗雷德堡在蒙哥马利的司令部里签署了投降协定之后，又奉邓尼茨的指示，飞往兰斯去见艾森豪威尔，以同样的理由和同样的方式向美国部队实行部分投降。但是随弗雷德堡飞往兰斯去见艾森豪威尔的金策尔将军，于5月6日早晨到弗伦斯堡－米尔维克来见邓尼茨。他受弗雷德堡的委托向邓尼茨报告，艾森豪威尔不同意局部投降，艾森豪威尔的态度是：德国必须立即宣布包括俄国战线在内的全线无条件投降。德国军队必须就地放下武器，就地束手就擒当俘虏。德国国防军统帅部的责任就是使这种无条件的投降行动（包括海军作战舰艇和商船的移交工作）顺利进行。这对邓尼茨来说，无异于当头一击，在艾森豪威尔的压力下，最终邓尼茨授权约德尔在5月7日深夜2时41分于兰斯签署了全面投降条约。然后就是大家都熟知的历史，按照苏联人的要求，5月8日又在苏军司令朱可夫元帅的司令部，柏林的卡尔斯霍尔斯特重演了这场全面投降的签署活动。凯特尔元帅、施通普夫大将和弗雷德堡海军大将分别代表德国三个军种在投降书上签名。

1945年5月9日零点，各战线均停止一切军事行动。德国国防军5月9日的最后一次报告说：

从午夜起所有战线开始停火……奉海军元帅之命国防军停止了毫无希望的战斗行动。于是，几乎长达6年的英勇搏斗终告结束。这场搏斗给我们带来了巨大胜利，同时又带来了惨重的失败。最后德国国防军被敌方强大的优势兵力所战胜。忠于誓言的德国军人竭尽全力为德国人民做出了难以磨灭的贡献。后方人员自始至终全力支援前方，为他们做出了重大牺牲。前线与后方所做出的前所未有的贡献将在日后公正的历史评价中得到最后的承认，德国陆、海、空三军所做出的伟大贡献和牺牲连我们的敌人也不得不表示钦佩。因此每个军人可以坦然和自豪地放下武器，在我国历史上最艰难的时刻，满怀勇气和信心地为我们民族的永久生存去工作。此时此刻国防军十分怀念那些已阵亡的战友。面对着满布创伤、血流遍地的祖国，死者在表现无条件地忠诚、服从命令和遵守纪律方面尽到了他们的职责。

对于第二次世界大战的历史而言，结束了。对于邓尼茨而言，他的军人生涯结束了。但是对于末代元首的角色而言，邓尼茨的政治生涯不仅没有结束，反而有了一个让他极其不愉快和刻骨铭心的结尾。邓尼茨在回忆录中详细记载了那沉痛的一幕：

  1945年5月22日，我的副官及朋友吕德·诺伊拉特通知我，盟国监督委员会（在米尔维克出现，由美国鲁克斯少将和英国福特准将领导，不久又有苏联代表加入该组织）的首脑要求我同弗雷德堡和约德尔在第二天早上到监督委员会的所在地"帕特里亚"号兵营船上去。我只回答了一句话："准备行李！"我相信，通过逮捕来排挤我的时候到了。当我们走上"帕特里亚"号的舷梯时，那里出现了一番不同前几次我拜访监督委员会时的情景：没有一位英国中校在下面迎接我，也没有向我致敬的岗哨。相反却涌现了一大批新闻记者在抢着拍照。

  约德尔坐在"帕特里亚"号上方，弗里德堡和我坐在一张桌子的一边，另一边是监督委员会的首脑们，中间是美国的鲁克斯少将，两旁是英国的福特将军和俄国的特鲁斯科夫将军。在预感到我们的命运已经是大势已去的时候，我的两位同伴和我都镇定自若。鲁克斯将军向我们公布了一项宣告，并说他根据这项宣告和艾森豪威尔的指示必须逮捕我，德国政府和国防军统帅部的成员。从现在开始我们就得把自己看作战犯。他问我是否还有什么话要反驳的。我反唇相讥地说："每一句话都是多余的。"

  至此，邓尼茨的二战之旅以令他极其郁闷的方式彻底结束了，接下来，他将经历纽伦堡国际军事法庭的审判，然后带着甲级战犯的身份和为期10年的刑期，开始了本书开篇所描述的施潘道监狱之旅的那一幕。

相关链接：

"末日利剑"——德国海军的 XXI 型潜艇

XXI 级潜艇是德国海军在第二次世界大战末期研发的一型潜艇，也是世上第一种完全为水下作战设计，而非以往为攻击和躲避水面舰艇攻击才下潜的潜艇，这使它成为现代潜艇的母型。其性能指标：水上排水量 1621 吨，水下排水量 1819 吨，全长 76.7 米，宽 8 米，吃水 6.32 米；动力：2 座 MAN 柴油机，4000 匹马力，4 座 SSW 电动机，4400 匹马力，双轴双桨；水上最大航速 15.6 节，水下最大航速 17.2 节，最大续航力 15500 海里/10 节，340 海里/5 节；最大潜深 280 米；乘员 57~60 人；武器装备：艇艏 6 座鱼雷发射管（共 23 枚鱼雷），4 门 20 毫米炮。

XXI 级潜艇的性能改进对于潜艇而言，可以毫不夸张地说几乎是革命性的。艇体结构改为双壳体结构，XXI 级的艇体为流线型，这就提高了潜航速度和减少了潜航阻力。其水下最大航速 17.2 节已经属于是创纪录的速度了。XXI 级仅用 3~5 小时的通气管充电，就可以在水下以 5 节速度连续潜航 2 到 3 天而不用重新充电。这既大大增加了它的水下航程，也减少所需要浮出水面的时间。也比 VIIC 型还要安静，使其在潜航时不易被发现。XXI 级的艇内空间与设备也比以往来得更大更好，大型的艇体搭载的蓄电池组约有 VIIC 型的 3 倍，同时舰上有冷库和淋浴间。另外 XXI 级也有特别的鱼雷液压装填系统，能在 12 分钟完成全部 6 枚鱼雷的装填。XXI 级同时还有更先进的声呐系统，可以瞄准发射鱼雷时不需要借由潜望镜来加以瞄准，增加其隐蔽性。XXI 级潜艇内可储备有23枚鱼雷，或17枚鱼雷和12枚水雷。它的另一项革命性的改进是将以往潜艇配置的甲板炮和多门高炮削减到一门20毫米炮，这反映了潜艇作战理念的革命性变化。

XXI级的生产流程也采用了与以往不同的革命性改进，就是类似于现代的模块化生产，将整艘潜艇分为8个部分生产，于32家造船厂的零件所制造，再集中到11间造船厂里进行组装，生产速度大幅提升，每6个月就能下水一艘，也减少了盟军轰炸的影响。1943年到1945年之间，德国共组装了118艘XXI级潜艇，1944年5月，第一艘XXI级潜艇下水，而德军有经验的潜艇水手极为缺乏，出战的XXI级数量非常少，而且其量产时间过晚，再加上盟军压倒性的海空兵力，XXI级潜艇对战况影响不大。关于新型潜艇的参战，邓尼茨是这样回忆的："第一艘XXI型潜艇，也就是1600吨的新的大型潜艇在1945年4月30日才从挪威的卑尔根出发去执行它的首次战斗任务。但在1945年5月4日，所有潜艇都接到了我关于禁止攻击的命令，因为我在这期间和蒙哥马利陆军元帅已签订了一项特别停战协定。因此我也想停止一切对英海上作战。"这艘大型新潜艇的指挥官在谈到他第一次短程航行时说："第一次出征就在北海与敌人的猎潜艇舰队遭遇。可以断定，这支猎潜艇舰队对水下高速潜艇无可奈何。在水下稍稍改变航向30度就脱逃了。遵照1945年5月4日的禁止射击令返回卑尔根；几小时以后途中遇上了一艘英国巡洋舰和许多驱逐舰……进行了水下攻击，撞上了护航舰队，巡洋舰进入了500米的射程之内。正如后来在卑尔根的交谈中所表明的那样，一切都没有被发觉。我的经验是：潜艇是先进的，对潜艇驾驶员来说，在进攻和防御时正是别开生面。"实际上大部分的XXI级潜艇最后都是直接报废或凿沉处理，但有 8 艘被盟国瓜分研究，苏联战后也以 XXI 级潜艇为基础，研制了 Z 级（型号是 611 型，北约代号为"祖鲁"级）潜艇。

"明日黄花"——德国海军的 XVII 和 XVIII "瓦尔特"型潜艇

今天的人们差不多都听说过 AIP 系统这个名词，这个词是"不依赖空气动力"系统的缩写，今天这种技术已经开发得相对比较成熟了。它是除了核技术之外，能够让潜艇实现比较长时间水下潜航的技术。这项技术对于无法拥有核潜艇的国家还是非常有吸引力的。但是人们普遍不知道的是，AIP 系统的开发实际上始于二战期间。由于战争的需求，在德国，赫尔穆特·瓦尔特教授开发了一个 AIP 系统，这个系统利用高度浓缩的过氧化氢产生蒸汽用于一个涡轮机驱动的潜艇。与普通的常规潜艇相比，瓦尔特潜艇具有极为诱人的性能：它的水下最大航速接近今天的核潜艇，据说实验艇跑出了 26 节的速度，这个速度和今天的核潜艇也在伯仲之间了。水下续航时间也得到了超出想象的增长。这种优异性能可以让瓦尔特潜艇在水下高速航行，从而完全改变传统的潜艇作战方式，使潜艇真正成为水下作战舰艇。不过，虽然实艇试验取得了某些成功，到二战将近结束时，也只试制了 7 艘 XVII 型潜艇，并没有得到批量生产。主要是瓦尔特潜艇始终被难以解决的技术和安全问题所困扰。在潜艇的封闭空间内使用不稳定的过氧化物非常危险（容易爆炸），而且它的重大缺陷还不只是安全问题，一艘 XVII 型潜艇的造价，可建两艘 VIIC 型潜艇，这对于本身就已经严重缺乏兵力和资源的德国而言，放弃 XVII 型潜艇就是顺理成章的事情了。于是实验艇

XVIII 转而使用柴油发动机,这就产生了 XXI 型潜艇。一直到战争结束,瓦尔特型潜艇都没有能够进入实用阶段,因为安全性一直没有得到解决,最终在 20 世纪 50 年代被综合性能更加优异的核潜艇淘汰了。所以互尔特潜艇未定型就已经成了淘汰的"明日黄花"了。直到现在 AIP 系统的价值才又重新为人们所重视。人们也才又重新想起当年的瓦尔特型潜艇——AIP 系统的先驱。